地上は緑に、首都高は地下に走らせる

*The ground can be green,
and the Metropolitan Expressway
can be run underground.*

大橋吉隆　古屋文男
Yoshitaka Ohashi　Fumio Furuya

幻冬舎 MC

高架橋により青空を奪われた日本橋（東京都中央区）

ビルとビルの間を駆け抜ける首都高（東京都渋谷区）

写真・鰐部春雄

渋滞、騒音、大気汚染、施設の老朽化など、さまざまな問題を抱える現在の首都高。
見た目にも圧迫感があり、地上には日中でも陽が差し込まない。

出典：国際ロータリー第2750地区 東京杉並ロータリークラブ都市環境委員会
「人に優しい地上を作る 都市環境改善計画」

地下首都高完成後の街の様子。視界を遮っていた高架橋は撤去され、人にやさしい街づくりが実現する。ビルとビルの間に緑があふれ、青い空が広がる。

出典：国際ロータリー第2750地区 東京杉並ロータリークラブ都市環境委員会
「人に優しい地上を作る 都市環境改善計画」

地下化した首都高の断面図。新しい首都高は従来利用されてきた地下よりも深い場所につくられる。ショッピングビルやオフィスビルの駐車場と連結し、今よりも便利に。車輌の地下利用（現在30%ほど）が50%程度に増えて、歩道と車道の分離が可能となり、便利で安全になる。

地上は緑に、首都高は地下に走らせる

はじめに

1962年に国家的プロジェクトとして誕生した首都高速道路（以下、首都高）。首都圏の交通渋滞緩和と東京オリンピックの交通確保を目的としたこの首都高は、開通から早くも60年以上が経過。人間でいうなら還暦を超えた。

周辺地域の暮らしや社会経済活動を支えるインフラとして一日に約100万台が通行する働きぶりを見せる首都高だが、近年は、通行量の多さや経年劣化から損傷や老朽化が目立つようになっている。

もちろんこれまでにも更新や修繕は、都度行われてきた。しかし、地震大国日本では、いつどのような災害が起こるかわからない。首都直下型地震の可能性も指摘されるなか、首都圏の大動脈でもある首都高は、100

年先も安心・安全な道路であり続けなければならないという使命を担っている。

こうした状況下において、2021年、総事業費数千億円から1兆円に上るといわれる日本橋の首都高の地下化工事が始まった。構造物の長期的な安全性を確保するため、長期の耐久性と維持管理性を備えて一部を地下化。これまで以上に優れた首都高へのリニューアルが進められている。

完成は2040年の予定だという。新ルート開通後は、日本橋を覆う高架は撤去され、街の景観も一変する。

日本橋に青空を取り戻す首都高の地下化は、2001年3月、扇千景国土交通省大臣（当時）の「首都高の高架に覆われた日本橋の景観を一新する」との発言を受け、「東京都心における首都高速道路のあり方委員会」が設置されて以来の悲願でもある。だが、実はこの国家的プロジェクトの発端は、還暦を迎えた二人の素人の夢から始まったということは、まだあまり知られていない。

政権や大臣が幾度も代わるなか、決して諦めずに夢と人脈をつなぎ続けた男たち。彼らはなぜ、首都高地下化という途方もない夢を描いたのか。そしてどのような道のりで、夢の一部をその手につかもうとしているのか。

本書はその男たち——大橋吉隆と古屋文男の挑戦と行動の物語である。

推薦の言葉
～首都高地下化の環境面からの考察～

ロータリークラブ第２５８０地区元ガバナー（２０１１・１２）
ボーイスカウト日本連盟理事長
元ＩＯＣスポーツと環境委員会委員
元ＪＯＣ副会長・スポーツ環境委員長
ミズノ（株）相談役会長
水野正人

約３００万年前に人類が地球に出現し、その文明はここ１０００年、特にこの１００年で劇的に発展しました。直近10年では科学技術のさらなる発達・進化により、生成ＡＩ、ＥＶなど、我々の将来が劇的な進化を遂げています。

ここ20年来は、国際奉仕団体であるロータリークラブの会合でも日本の将来を思考し、すべての要素で集中化する首都東京のあり方も議題に上っています。そのなかで、首都高の地下化も標榜されました。

この議論は多くの国会議員、関連省庁、東京都歴代知事など要人の共感を得て「首都高速の再生に関する有識者会議」に発展。約10年前には、国土交通省がしっかり取り組むことを、当時の国交大臣・羽田雄一郎氏が表明しています。

私は環境保全の観点からこの首都高の地下化に興味を持ちました。降るような星空の下で育った私は、もともと宇宙や天文に興味がありましたが、１９７４年に東京に来て、最も驚いたのは東京で星が見えないことでした。この原因がスモッグ・大気汚染にあることを知ってからは、環境汚染に危機感を持ち、ＩＯＣ（国際オリンピック委員会）「スポーツと環境委員会」、ＪＯＣ（日本オリンピック委員会）「スポーツ環境専門委員会」で活動してまいりました。

首都高速環状線の地下化にも、環境保全の観点から興味を持っています。物事は多方面から見なければなりませんので、メリット・デメリットを俎上に載せて議論を進める必要があることは承知しています。近年はすべてにおいて「安全」がキーワードですから、工事による陥没事故などは決して起こしてはならず、慎重な討議が必要です。

私は道路交通の専門家ではありませんが、ロータリアンの一員として、高速道路の地下化について、環境面から意見を述べてみたいと思います。

ずいぶん前になりますが、「環七・環八雲」が話題になったことがありました。春から夏にかけて環状七号線・八号線の上空に筋状の綿雲が形成されるというものです。これは、環状七号線・八号線を走る車の排ガスや放熱が上昇気流を生み、気流に含まれた汚染物質の粒子が核となって、筋状の綿雲が生じているのではないかとの議論がありました。

東京湾、相模湾の雲が衝突して発生するのだという説もありましたが、それでは環状七号線・八号線上に雲が発生する理由には結びつかないように思います。しかし、いずれにしても、多くの車が走行すればそれに応じて排ガスや放熱は起こり、確実に大気汚染に結びつきます。

また、太陽活動は11年周期で黒点増加やフレア（太陽表面の巨大爆発）が起こります。活動活発期にあたる近年は、地球の大気や磁気にも大きな影響がありました。地殻にも変動があるなら、アイスランドの火山噴火の激化や、世界の地震なども巨大化するのかもしれません。

地震大国の日本にとっては決して他人事ではありません。阪神・淡路大震災発生時に阪神高速が崩壊している報道を見て、巨大地震の怖さを実感したものですが、首都高速地下化は老朽化した高架道路崩壊を防ぐことになると思います。首都高速環状線の地下化は、環境面からも安全面からもメリットが考えられるのです。

さらに、現在の首都高を地下化した場合の100万坪を超える広大な地表面積の有効利用についても考えてみたいと思います。

例えば空いたスペースを緑地公園にする。多くのイベントや文化活動を開催することで、観光客はもとより、東京の生活者のゆとりや楽しみが増え、生活の質の向上が図れるでしょう。緑地公園にすることで景観も一変し、健康のために歩いたり走ったりする人も増えて、健康増進にも役立つはずです。

さらに、樹木には炭酸同化作用があります。地下高速道から放出される炭酸ガスを緑地化された樹木が吸収し、代わりに酸素を放出することで空気の浄化も進めることができます。石原慎太郎都知事時代、トラックのディーゼルエンジンの排ガスに多量の煤が入っていることが東京の大気汚染の原因であると、エンジンの改良、軽油の質向上が図られたことがありました。これにより、東京の空気が浄化され、多くの地点から富士山が見えるようになったことも忘れてはなりません。

もちろん、デメリットもあります。多額の費用、工事期間、工事のロードマップ、安全性（特に以前発生した工事による地表の陥没などを決して起こさない検証）、トンネル内の排ガス処理（今後ＥＶが大半を占めるようになればこの問題は軽減されます）、トンネルへの入口・出口のロケーションと高速道路へのつなぎ方など、まだ多くの検討項目もあります。

しかし、首都高速道路の地下化は、環境面・生活の質向上・経済の生産性の面から、大きなメリットを生むと期待できます。私は持続可能性・環境問題の専門家ではありませんが、首都高の地下化によって東京の環境改善を、ロータリアンをはじめとする民の声を集めて、民主的方法で実現してもらいたいと願っています。

目次

第二章

政治と行政の壁を乗り越えて……85

第三章

第四章

編集協力　長谷川敏子・香川誠・相澤洋美
本文デザイン・DTP　Isshiki

序章

少年たちの夢と希望

「吉隆、一緒に来るか？」

少年だった私・大橋吉隆は、父親の運転する車に乗せられ、都内の自宅から羽田空港へと向かった。羽田空港に何か用事があるわけではない。父親が開通したばかりの首都高に行こうというので、面白そうだと思い付いて行ったのだ。代々木インターから羽田まで、ただ行って帰ってくるだけの短いドライブである。

「空を飛んでいるみたいだな」

助手席から自分たちの住む街を見下ろすのは、初めての体験だった。その頃はまだ、今のように高いビルも立っていない。完成したばかりの首都高は、東京の街中でもひときわ目立つ建造物だった。

あれから60年。東京の街も、首都高の姿も、当時とはすっかり様変わりしている。

都心には高層ビルが立ち並び、首都高はその陰に隠れる存在となった。首都高は街を見下ろす側から、周囲から見下ろされる側になったのである。変わったのはそれだけではない。

構造物に使われるコンクリートや鋼材は、時間とともに劣化する。今首都高で、高架の橋脚部分や路面などに多数の亀裂が見つかり問題となっているのをご存じだろうか。鋼材部分の腐食も報告が増えている。これらは早急に補修が必要な箇所であるが、その数があまりに多く、莫大な費用を掛けても補修作業が追いついていないのが現状だ。

１９６２年に開通した首都高はもともと、50年という耐用年数で設計されている。すでに開通から62年が経過し、この先10年、20年と経てば、対応できない損傷部分はもっと増えるだろう。

その先に待ち受ける最悪のシナリオは、老朽化した首都高の「倒壊」である。もしも、東京で直下型の大地震が起これば、阪神・淡路大震災で高速道路が倒壊した時と同じようなことが起こりかねない。

「安全でないものを、このまま使い続けていいわけがない！」

そこで我々はこう考えた。

今後修善し続けることに何兆円、何十兆円と投じるのであれば、いっそのこと建て替えたほうがいいのではないだろうか。

それも地上ではなく、地下に。

◆

本書を手にした皆さんは、タイトルをご覧になってこう思われたかもしれない。

「この本は大学教授かシンクタンクの研究員が書いたものだろう」

通常、首都高に関する本を書くのであれば、道路行政、法律、建築、会計など多くの専門知識が必要となる。首都高というものは、それだけ多くの分野を跨いだテーマなのだ。

しかし、私も、本書の共同執筆者である古屋文男も、道路に関しては「ズブの素人」というのが実のところである。

還暦を過ぎた私たち二人は、各々自分の経営する会社を持ってはいるが、道路建設とは全く関係のない中小企業である。政治家の知り合いがいるわけでもなく、専門知識もない。それなのに「首都高を地下化させる」と言って、国や都を動かそうと活動を始めたのだ。

当初、我々の計画に耳を貸す人はほとんどいなかった。

「いくら掛かると思っているんだ。その金は誰が出すんだ」

そう言われるたびに説明をするのだが、計画当初でとりあえず総工費4兆円という途方もないスケールゆえ、夢物語でしかないと思われるのが常であった。「馬鹿げたことを言う奴らだ」と思われていたに違いない。

だが、主張していることは間違っていないという自負があった。

首都高の地下化が実現して地上の高架そのものがなくなれば、地震による倒壊という恐れがなくなると同時に、景観の悪さや大気汚染などの問題も解決できる。そして、街に緑が増え、空気が浄化され、東京はかつての青空を取り戻す。設備は100年は持つので、将来の都民、国民にも大きな財産として残るだろう。

もちろん、こうした未来像を単なる夢として語るのではなく、現実路線で考えていた。

現在も首都高の一部区間は地下を通っているが、我々が考えた計画では、首都高の主要区間をもっと深い地下、いわゆる大深度地下に移設することが前提である。

大深度地下は公共目的であれば、地主の許可を得ることなく利用することができる。土地代も掛からない。建設に掛かる工事費は、今後100年間の通行料で賄う。これにより、税金を投入することなく、地下化の計画が実現するのである。

2021年、ついに首都高の地下化工事が着工。長年の二人の夢がようやく現実になろうとしている。

パンフレットを配ったりシンポジウムを開いたりと、諦めずに活動を続けた結果、専門家や政治家の間でも賛同者が増え、ついに国土交通省が動き始めたのだ。あとは東京都と関係者が、将来の都市の姿をどう描くか、そして事業の完全実施に向けどう動くかを具体的に詰めていく段階である。

市民の活動が、国を動かすきっかけになるケースは、あまり例がないだろう。だからしばしば、こんなことも言われる。

「あなたたちは、どうしてこんなことをしているんだ?」

我々の活動は誰かに頼まれたものでもない。お金だって自分たちには1

円も入ってこない。それなのになぜ、お金と時間を掛けてこんなことをしているのか。疑問を持たれるのも不思議ではない。

「世のため人のため」と言えば聞こえはいいが、我々を突き動かしているものは、言うなれば〝粋狂〟である。面白いからやっている。

もちろん、この計画を通じてロータリー精神ともいえる奉仕の心で社会貢献をしたいという気持ちは持っているが、それだけでは途中で挫折していたかもしれない。ロータリアンだからこそ、普段会えないような人に会える、何兆、何十兆円という途方もない規模のことをやっている。そういった面白さがあるからこそ、我々の活動は続いたのだ。それが結果的に、「世のため人のため」になるのだから、余計に面白い。

本書は、素人おやじ二人が、首都高地下化の実現に向けて奔走してきた記録である。読んだ後に、「奔走とは言い過ぎだろう」と思われるかもしれない。自分たちもわけのわからないまま、あれよあれよという間に物事が進んでいったのだから。

しかし、素人が二人で始めた活動が、国を動かしていることは事実である。とはいえ、それができたのは、我々がロータリアンだったからかもしれない。ロータリアンだったからこそ誰にでも会えるし、協力を得られる仲間も、専門家もいた。

ロータリアンなら、何でもできるのだ。

だけどそれは決して特別なことじゃない。誰にだって世の中は変えられるはずだ。

読んでくださった方に、少しでもそう思っていただければ幸いである。

第一章

首都高再生計画の始まり

次世代に何かを残せないか

東京生まれと山梨生まれ、大卒と高卒、材木屋の息子と農家の息子。ともに1948年生まれの私と古屋文男は、若い頃は全く異なる人生を歩んできた。例えば20歳の頃、私は大学で読書にふけっていたし、上京してきたばかりの古屋は窓ふきのアルバイトで生計を立てていた。

共通しているのは、自分が面白そうだと思ったことには、とことんのめり込むという性格、そして、酒を飲まないということ。これくらいのものであるが、不思議なことによく気が合い、四半世紀以上も付き合いが続いている。

そんな二人が還暦を迎えるにあたり抱いたのは、

「社会に何か貢献したい」

という思いだった。

現在、私は不動産賃貸業、古屋はビルメンテナンス業をそれぞれ営んでいる。ともに新宿御苑前駅近くに会社を構える、いわばご近所同士だ。

高度成長期からバブル崩壊、デフレ不況と時代の波に揉まれながら、自分の会社を成長させ、何とか潰さずにここまでやってきた。経営者としてまだまだ目標はある一方、果たしてそれだけでいいのか、という思いがあった。

二人はいわゆる団塊世代。二人とも70年代の学生運動には参加せず、一歩引いたところからそれを見ていたが、良くも悪くも社会に影響を与え、また多くを与えられてきた世代であるという自覚はある。社会への恩返しというと大袈裟だが、

「何か次の世代に残る良いことをしたい――」

古屋の会社の応接室でコーヒーをすすりながら、二人でよくそんなことを話していた。

「俺たちだって、いつまでも自由に動けるわけじゃないからなぁ」

年の割に至って健康な我々も、若い頃に比べればさすがに体力は落ちる。これからさらに年を重ねていけば、ますます低下するだろう。自分たちが主体となって精力的に活動できる時間は多くない。60代のうちにやらなければ、という気持ちであった。

まず思いついたのは、景気刺激策である。

ちょうどその頃、二人が属する経営者サークルでも、話題はいつも景気のことばかりだった。景気刺激策と言うと政府が発想して、敗政出動をしてやるものと考える人も多いかもしれないが、民間の発想で、民間の資金でやったっていい。あるいは、民間と公共が対等な立場で協力して事業をする。そう考えていた。

しかし、景気を刺激するには、莫大な資金力が必要となる。残念ながら、私の会社も古屋の会社も、大企業のように景気の起爆剤になるような商品やサービスは持ち合わせていない。自分の仕事とは別に、何か全く新しいことをする必要があった。

ただ、何をやるにしても一時の景気回復を掲げるだけでは、次世代まで続く価値をもたらすことはできない。何をすれば社会に貢献できるのか。二人で考えあぐねていた。

始まりはあの映像

北京五輪が開催された2008年のこと。ある夜、私は自宅のリビングで、夕食後のひとときを過ごしていた。

午後8時頃のことである。つけっぱなしにしていたテレビに、ショッキングな映像が映し出された。

映し出されたのは、無残に倒壊した高速道路の高架橋。そして間一髪、運転席と前輪部分を宙に浮かせて転落寸前で踏みとどまった観光バス。そう、1995年、阪神・淡路大震災時の映像だった。これまでに何度もテレビや新聞で目にしたことのある光景だが、この時なぜか私は、運命めいたものを感じたのだった。

「よし、これだ！」

私は思わず手を叩いた。そして、すぐに古屋に電話をした。

「どうしたの大橋さん、そんなに興奮しちゃって」

古屋にとっては、この時間に私から電話が掛かってくることは珍しくなかった。ただ、電話の向こうの私の様子がいつもとは違っていた。

「古屋さん、俺たちで首都高の再生をやらない？」

「首都高の再生？」

突然の話であっけに取られた古屋だが、すぐに察しはついた。これが前々から言っている、俺たちが取り組むべきことなのだ、と。熱のこもった私の話を聞きながら、古屋は「きっと面白いことになる」と思った。

私が見ていた番組では、東京で首都直下型の巨大地震が発生した場合、老朽化した首都高が阪神高速のように倒壊しかねないと警鐘を鳴らしていた。日本の耐震基準が強化されたのは、建築基準法が改正された１９８１年以降のこと。それよりも前につくられた首都高は耐震構造になっておらず、危ない状態だというのだ。

この少し前には、アメリカのニューヨークで１９３０年大恐慌時に建築したハドソン川にかかるフリーウェイの橋が１９８０年に落下して、多数の死者が出た。築50年を経過した橋が落ちたというニュースがあり、そのことについて二人で話題にしたばかりであった。

首都高も同じことになりかねない――。

そういった思いに至るのは、自然の流れだったと言える。

こうして良く言えば情熱的、悪く言えば勢い任せの計画が、この時スタートしたのである。

二人だけでは知恵が足りない

「首都高を再生する」という大きな目標を掲げたものの、具体的に何から始めたらいいのか、二人ともわからずにいた。ただ、この計画が税金を使ってできるものではないということは薄々感じていた。

国の公共事業関係予算はピーク時の14・9兆円（平成10年度）からほぼ毎年減額され、令和6年度は約半分の6兆828億円ほど。公共工事が減らされている昨今の状況から、素人の二人でも税金の投入は現実的ではないと容易に想像がついた。

あたりまえだが、国の公共事業関係予算は首都高だけのためにあるわけではない。全国各地の古くなっている道路や橋の補修にも莫大な予算が必要だ。

首都高の再生計画について、試しに何人かに話をしてみたが、

「まさか全部つくり直すの？　今の首都高を全部更新するの？」

「お金は誰が出すの？」

「お前たちがそれを言って、国が動くの？」

と、実現性の乏しさを指摘されるばかりだった。

なかには、

「まだ大丈夫じゃない？　みんな普通に使っているし」

と、老朽化したインフラの危険性すらわかってくれない人もいた。

しょせんは夢物語なのか──。

何度も心が折れかけたが、次の世代に何かを残したいという情熱はまだ沸き立ったばかりだったので、何を言われても極端にへこたれることはなかった。むしろ「それなら尚更やらなければならない」という思いが強まっていった。

しかし、思いとは裏腹に、自分たちだけでは限界があることにもすぐに気が付いた。我々も一般利用者として首都高はよく使っているが、利用者としての知識しかなく、税金を使わずに再建するためのアイデアもなかなか出てこなかった。

「誰かの知恵を借りなければ、とてもじゃないがこの夢は実現できない」

早くも壁にぶつかった。

景気対策をサブテーマに

そこで、まずは経営者サークルの仲間たちに協力を求めた。このサークルに集まるのは、中小企業のオーナー経営者たちで、それぞれが独自の人脈や知恵、経験を持っている。「みんなの力を結束すれば、首都高の再生も夢ではない」。そう思った我々は会合の場で「老朽化した首都高を再生したい」と提案した。

すると、そこにいた多くの方から賛同が得られた。首都高の再生はきっと景気の回復にもつながる。建設工事に際しては多くの雇用が生まれるし、完成後は都市交通の利便性が高まり、運輸業を筆頭に多くの法人、個人がその恩恵を受けることになるはずだ――。そう考えた人が多かったのだ。

「首都高の再生をメインテーマにして、景気対策もサブのテーマに添えたらいいんじゃないか。そのほうがみんなからも協力を得やすい」

そんな声も上がるほど活発な意見が交わされ、サークルの仲間が我々をバックアップしようと盛り上がった。

ただ、この段階でもまだ、具体的なことは何一つ決まっていなかった。いったい、どうすれば首都高を再生できるのか。良い知恵は簡単には出てこなかった。

地下以外に場所はない

「新しい首都高をつくるなら、やっぱり地下しかないだろう」

私と古屋の間の会話でも、経営サークルの会合の場でも、新首都高は地下につくるのが最良の選択だという意見が主流であった。ただし、それはあくまで理想としてであり、それが実現可能なのかどうかもわからなかった。

地下につくるべき理由はいくつもあるが、いちばんの理由は、安全面、費用面で大きなメリットがあるからだ。

首都高の一部区間は、1964年の東京オリンピックに間に合わせるために急整備されたものである。当時は建築基準が今より緩かった（1971年、建築基準法改正）こともあり、あれだけ大がかりなものをつくっておきながら、設計上の耐久年数はわずか50年しかない。そのうえ現在は、当時想定した100倍の120万台（重量は2倍以上）もの車両が毎日走行している。

最も古い路線の開通は、1962年。耐久年数である50年をすでに12年も過ぎている。全長約300キロメートルある首都高のうち、開通から50年以上が経過している区間は3割以上、40年以上になると約5割にものぼ

首都高速の開通から経過年数

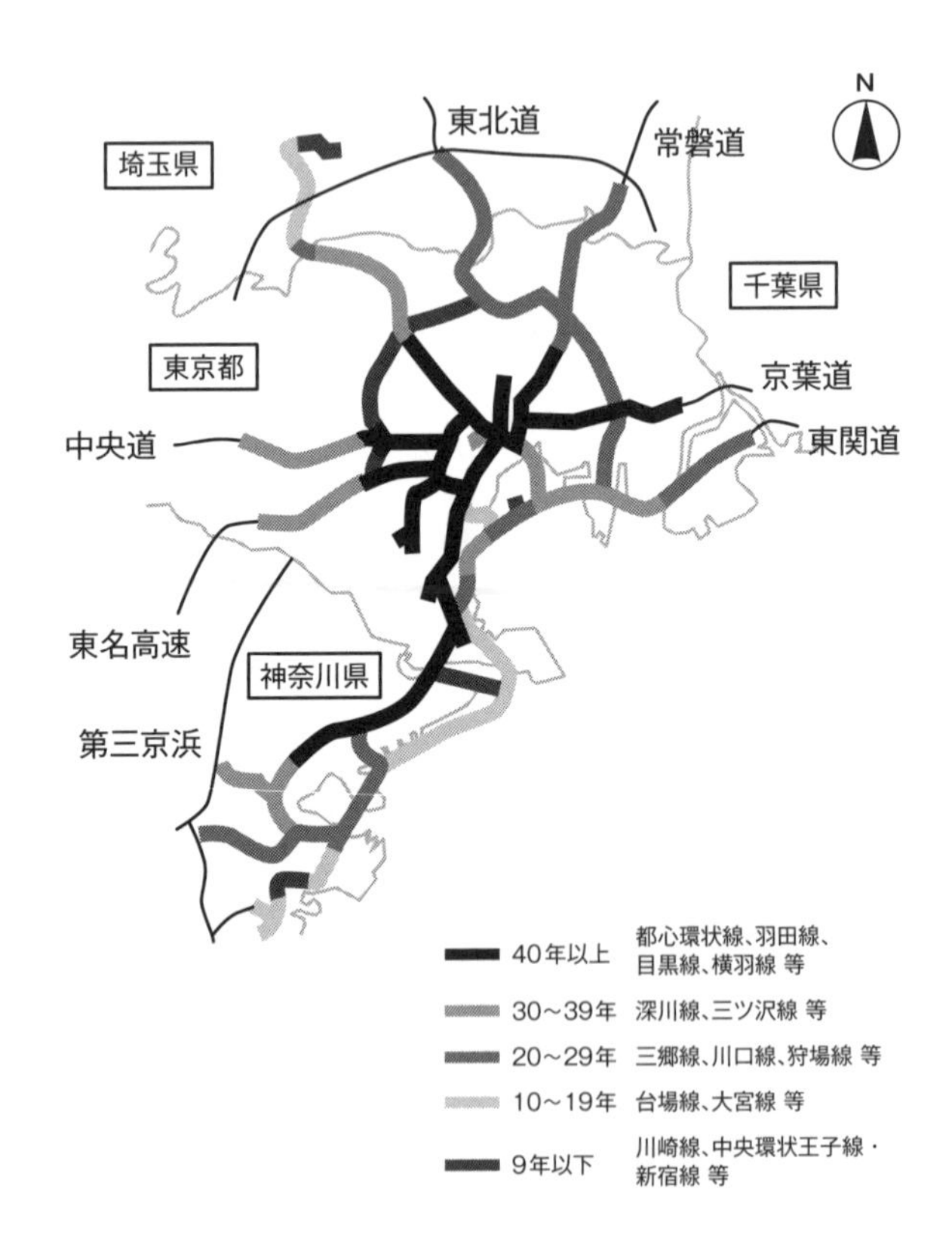

首都高速の開通からの経過年数 平成23年4月時点
(出典：国土交通省 2012年)

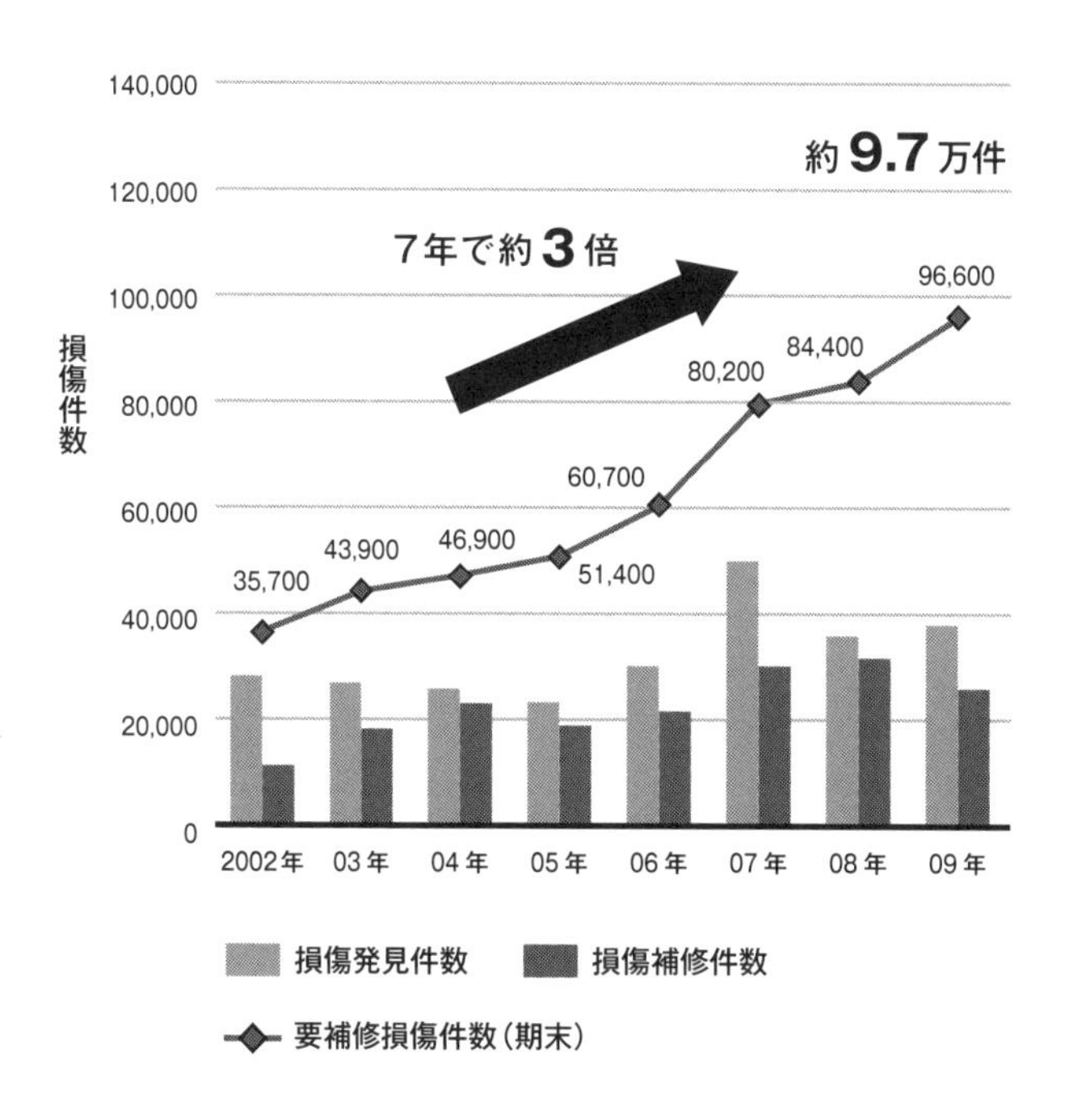

首都高速の要補修損傷件数の推移（出典：国土交通省 2012年）

る。つまり、10年後は首都高の半分の区間が、〝使用期限切れ〟のまま使われることになるのだ。

現在の首都高でコンクリートのひび割れや鋼材の腐食が多数見つかって危険な状態であるのも、これだけの時間経過を考えれば無理もない。

首都高の老朽化問題を解決するために、補修で何とか間に合わせようとしているが、補修の必要な箇所があまりにも多く、追い付いておらず更に増えているのが現状だ。２００２年に約３万６０００件だった要補修損傷件数は、２０１３年に10万件以上にまで膨れ上がった。11年間でおよそ3倍に増えたことになる。２０２２年は約3万９０００件に減ったものの、開通から60年以上が経過しているため、重大な損傷への抜本的な対応も求められていて、これらすべての損傷箇所を直しながら首都高を使っていこうとすれば、年間の補修費は約1兆円にのぼると言われている。

これだけお金を掛けても補修の必要な箇所が増えるばかりなら、今行っている延命治療もあまり意味がない。新しく道路をつくり直したほうが安全を確保できるし、コストパフォーマンスも良い。

ただし、また地上に同じものをつくるのは現実的ではない。同じ場所につくるとすれば、建て替え中は現在の首都高を通行止めにしなければならない。さらにその下が一般道なら、そこも一緒に通行止めにしなければならない。そんなことをすれば、たちまち大都市の経済活動はマヒしてしまうだろう。

とはいえ、別の場所につくることもできない。すでにビルで埋め尽くされた東京にはもはや、余った土地がない。用地を新たに買収しようとすれば、交渉だけで何十年も掛かってしまう。

現在の首都高が河川や一般道の上を通っているのは、用地買収の必要がなかったからだ。当時、オリンピックに間に合わせるために、そういった場所を選ばざるを得なかったのだ。

となれば、新しい首都高をつくる場所は地下以外には考えられない。それもただの地下ではなく、「大深度地下」が現実的な選択となるだろうと思われた。

大深度地下利用の時代

「大深度地下」という言葉は、その名からイメージできる通り、「とても深い地下」という意味だ。正確な定義まで理解している人は少ないかもしれない。

法律上の大深度地下とは、次の2つのうち深いほうの地下を指す。

①地下40メートル以深
②支持地盤上面から10メートル以深

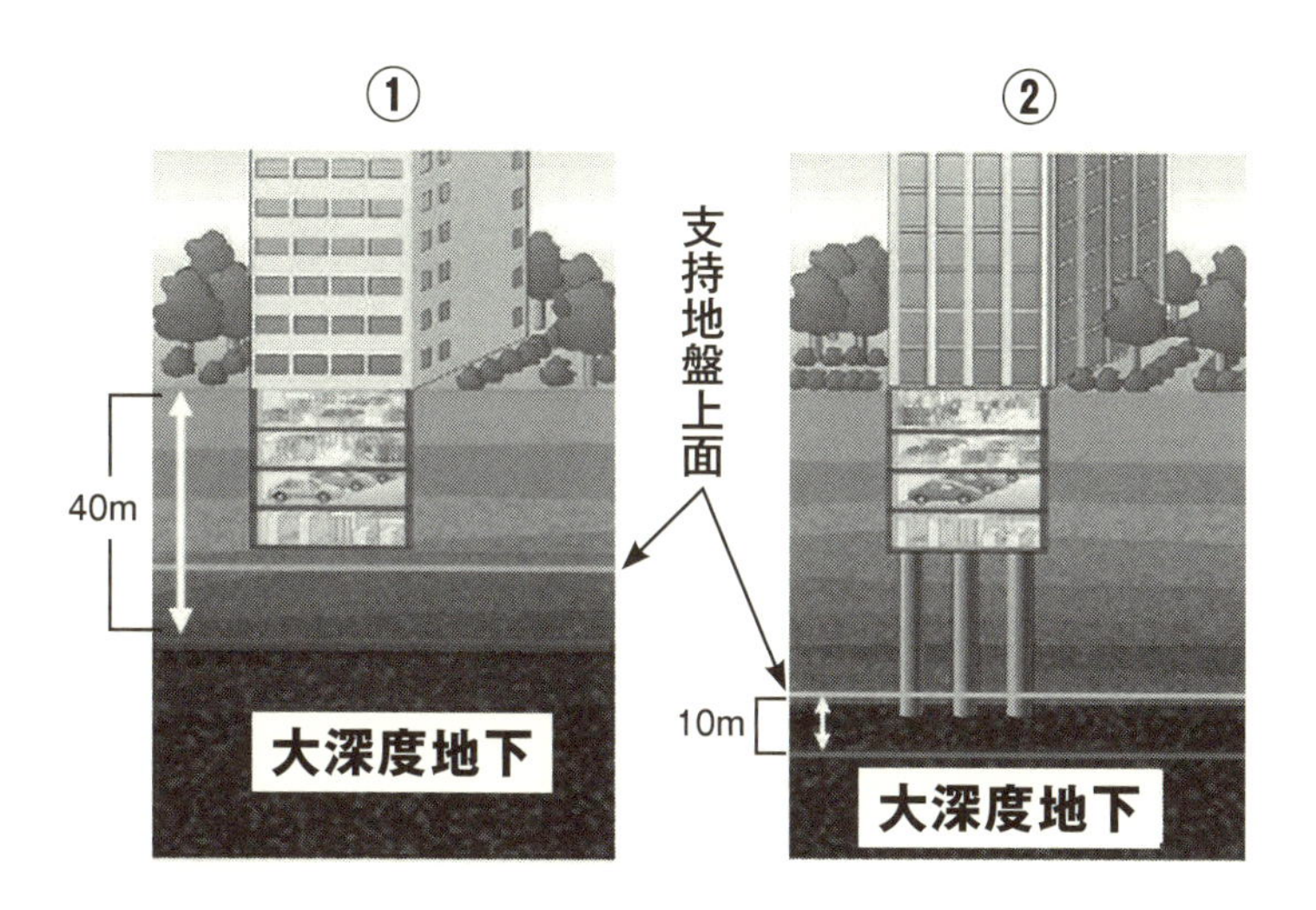

大深度地下のイメージ図（出典：国土交通省）

２００1年、地下利用の新たなルールを定めた「大深度地下の公共的使用に関する特別措置法」が施行された。以降、さまざまな場所で将来の地下の利用方法が議論の的になっている。

大深度地下は公共目的であれば、地上の地主の承諾なしに利用することができる。買収の交渉に掛かる時間は節約できるし、地代も掛からない。国土交通大臣の認可さえ得られればすぐにでも工事を始められるという利点がある。

また、工事中は、地上への影響もほとんどない。後ほど説明するシールド工法（トンネルを掘るための最新工法）の掘削スタート地点や出入口施設の工事を除いては、誰も気付かないまま工事が進むだろう。地上に建物や道路があっても関係ない。現在の首都高や一般道を通行止めにすることなく工事が可能だ。建物に入居している人たちも、変わらずに日常生活を送ることができる。

大深度地下利用が認められた例は、神戸市の大容量送水管整備事業、東京外かく環状道路、リニアモーターカーが採用される中央新幹線が挙げられる。他に選択肢のない新しい首都高も、その一例に加わることは間違いない。

「お前たちが走れ！」

こうして、首都高を大深度地下に再建するという壮大なストーリーを考えたものの、道路の専門家でもなければ、ビジネスで道路建設に関わっているわけでもない二人には、荷が重すぎる「任務」だった。

経営者サークルの仲間たちから、

「俺たちが応援するから、お前たちが進めてみろ」

と励まされるたび、「やってやろうじゃないか」という気持ちにはなるものの、この活動にどのくらいの時間が掛かるのか、どのくらいの費用が掛かるのか、そんなことは皆目見当がつかず、目的を達成するまで続けることができるだろうかという不安もあった。

そんな時、我々が日頃からお世話になっている大先輩の小笠原敏晶氏と奥村昌美氏から、思いがけない大きな支援を受けることになった。お二人とも経営者サークルのメンバーである。

「君たち二人でこの資金を使って情報収集しなさい」

激励とともに渡されたのは、1000万円のキャッシュだった。しかも、

「必要ならあと1億円ずつ出すから、金は心配するな」と言ってくださる。

我々はその金額よりも、お二人の志の高さに感激した。この計画に成功の保証はどこにもない。投資であれば、どこかの株や債券でも買ったほうが

よっぽどマシだ。仮に成功したとしても、我々と同様、お二人に入るお金はないし、間接的に自分の会社の利益になることもない。

それでも、お二人が私財を提供してくれたのは、我々と同じ思いがあったからだった。日本の未来のために、首都高の再生は避けては通れない課題。次世代の子供たちに何かを残してあげたいという気持ちは、我々と共通していた。

「若いお前たちが走れ！」

このお金にはそういうメッセージが込められているのだろうと思った。一代で財を築き上げたお二人はともに昭和一桁生まれで、当時すでに70代と80代だった。あちこちを訪問して精力的な活動をすることはさすがにできない。代わりに私たちに夢を託したのだろう。

この資金を得てからというもの、時間の許す限り駆けまわった。ただ、駆けまわるといっても、素人の我々は、どこに行けばいいかもわからない。

とりあえず会う人会う人に、自分たちの計画について説明し、新たに人を紹介してもらう、その繰り返しであった。

お二人の思いを無駄にはできない。

この計画はもはや自分たちだけの願いが込められたものではなく、徐々に増える賛同者みんなの願いとして動いている。後戻りはできなくなっていた。

ジャパンタイムズ編集長との出会い

知人を頼っての紹介だけでは宣伝能力に限界があった。インターネットを駆使して多くの人に呼びかける方法もあったかもしれないが、世間は我々のことなど知らないし、「怪しい二人が怪しい計画を立てている」くらいにしか思われないだろう。

どうすれば、多くの人たちにこの計画を知ってもらえるか。

そんなことを考えていた折、資金を提供してくれた小笠原氏がまたもや我々を助けてくれた。

小笠原氏が所有する、英字新聞「ジャパンタイムズ」の岡田恵介編集長（当時）を紹介してくれた。ジャパンタイムズといえば、日本を紹介する目的で福沢諭吉によって19世紀に発案・創刊された日本最古の英字新聞で、海外に強い影響力を持つ媒体だ。

岡田編集長は二人の首都高地下化の計画を聞くや否や、早速、国交省や東京都庁へと取材に向かった。それにはこんな理由があった。

首都高を大深度地下に走らせることが技術的、資金的に可能になったとしても、最終的には国や都が認める必要がある。岡田編集長は、この計画が実現できるのかどうか、ウラを取るために自分の足で確かめに行ったのだ。そして後日、我々に熱く語った。

「実は皆さんの考えているのは、国なんです。でも国のほうから、こんな大規模なインフラ工事をやりたいとは言えないジレンマがあります。首都高の地下化が今の日本に必要な計画だということは明白です。皆さんの力で絶対に実現させるべきです」

そして、まだ何も話が進んでいないこの段階で、なんと記事として新聞に取り上げてくれるというのだ。取材を受けることになった私は、何を話せばいいのかもわからなかった。計画もまだ固まっていないなか、しっかりと受け答えできるかどうか不安があった。

岡田編集長は、

「国に動いてもらうように訴えればいいんですよ」

とアドバイスをしてくれた。

国交省と都庁に直接取材をしていただけに、その言葉は私たち以上に自信に満ちていた。中立的な第三者から計画へのお墨付きをもらえたのは、この時が初めてではないかと思う。勢い任せに出港した我々の船は漂流しかけていたが、進むべき方向を羅針盤が示してくれた。そんな気分であった。

日本より先に、海外から反響続々

２００８年3月31日。ジャパンタイムズ掲載の日が訪れた。

「Group plans to bury Tokyo's elevated 'shuto'（東京の首都高を地下に移動させる計画が進行）」

そんな見出しとともに、東京でビッグプロジェクトが提言されているという英文記事が、海外に向けて発信された。日本の新聞で我々の計画を取り上げたところはまだなかったので、国内より先に海外でデビューを果たしたことになる。

取材を受けた私は不思議な気分であった。ジャパンタイムズの日本人記者とは、日本語でやり取りをしていたが、記事になった自分の言葉は英語。まるで自分が英語を流暢にしゃべる人物のように思えたのだ。

記事には、我々が考えている首都高地下化の計画が詳しく紹介されていただけでなく、国交省や東京都、首都高を管理している首都高速道路株式会社のコメントも掲載されていた。つまり、首都高に関わる重要な機関の人たちが、ジャパンタイムズの取材を通して我々の計画を知ることになったのである。

この時点では我々は首都高に直接携わる関係者にはまだ一人も会っていなかったが、岡田編集長が道筋を作ってくれたことで、重要機関への接触が現実的に考えられるようになった。

この記事が掲載された後、我々はこう話し合った。

「せっかくジャパンタイムズに掲載されたのだから、これをいろんなメディアに配信してみよう」

第一弾の配信先は、日本ではなく海外に照準を定めた。ジャパンタイムズの記事をもとにした英文のプレスリリースを作り、ヨーロッパやオーストラリア、アメリカなど、この計画に興味を持ちそうな国や地域のメディア各社に配信した。

すると早速、オーストラリアの軍関係者やヨーロッパの環境専門家などから問い合わせが相次いだ。そして、各国から我々に英語でインタビューしたいと申し込みが来るようになった。

計画そのものは、相変わらずまだ白紙に近い状態である。首都高を大深度地下につくるという大雑把な内容しかできていないのに、これだけの反響があったことには驚くばかりであった。

「高速道路の地下化は、世界的にも注目されることなのだ。それなのになぜ、肝心の日本のメディアには注目してもらえないんだろう」

二人でため息をつくこともあったが、待ちの姿勢では物事は進まない。そこで、海外にプレスリリースを配信してから一週間後、やや自賛気味ではあるが「海外メディアにも取り上げられた計画」として、国内のメディアにもプレスリリースを配信し始めたところ、全国紙に我々の計画が取り上げられるようになった。

もし、海外より先に国内メディアにプレスリリースを配信していたら、きっと見向きもされなかっただろう。「逆輸入作戦」が功を奏したのは、「海外で話題になっている」という付加価値があったからに他ならない。

第一報となったジャパンタイムズの記事は、間違いなく我々を大きく前進させてくれたといえる。

子供たちが描いた100年後の東京

国内外のメディアから注目を集めることになった首都高再生計画だが、ある問題が生じていた。それはこの計画を誰のものとして国に提案するか、ということである。

これまでの流れで考えれば、物心両面で多大なサポートをしてくれている経営者サークルの名前で提案するのが筋である。

ただ、サークルのメンバーは数十人と少なく、これだけ大きな計画を単独で進めるだけの力を持っているわけではなかった。

「ロータリークラブから発信してみようか」

二人の間でそんな会話がされるようになった。私と古屋は、自分の会社や経営者サークルの他に、ロータリークラブという組織にも籍があった。

実は、二人が初めて出会った場所も、このロータリークラブの集まりだった。共通の知人である先輩経営者から「君たちも入ったらどうだ？」と勧められ、ともに1988年に入会したのである。

ロータリークラブとは、1905年にアメリカ・シカゴで誕生した国際的な社会奉仕団体である。アメリカのジョン・F・ケネディ元大統領やロナルド・レーガン元大統領をはじめ、フォード家一族、マイクロソフト創業者の一人であるビル・ゲイツ氏、松下電器（現パナソニック）の創業者である松下幸之助氏ら、20世紀の政財界の大物たちが名を連ねていたことでも有名だ。

ロータリークラブは個人や企業の利益のためではなく、公共の利益のために、中立的立場で活動している。我々の首都高再生計画も、公共の利益を目的としており、クラブの思惑と合致するはず。そう考えた。

また、その組織力や社会的信用の面でもメリットがあった。ロータリークラブは地区ごとにブロック分けされていて、首都圏のクラブ在籍者は数万人もいる。それに国際的にも信用度が高く歴史ある組織だから、いろんな人にも会いやすい。国の審査も、「中小企業の社長からの提案」よりは、「ロータリークラブからの提案」としたほうが通りやすそうな気がした。

折しもちょうどその頃、二人が所属する「東京杉並ロータリークラブ」が中心となって、首都圏の会員が１５００人ほど集まる大規模な勉強会を開くことになった。この時の勉強会のテーマは偶然にも、「都市の環境改善」と決まっていた。

勉強会の場で自分たちの考えた計画を披露すると、いろんな人たちから反応があった。東京杉並ロータリークラブの名誉会員である山田宏杉並区長（当時）現参議院議員は、こんなエピソードを紹介してくれた。

「杉並区の子供たちに１００年後の未来の絵を描いてもらったんですよ。

その中に、全面的に緑化された地上を子供たちが走り回るような絵を描いてきた子がいました。そして車は地上ではなく、地下の道路を走るようになっていたんです」

それはまさに、我々が思い描く首都高の地下化計画のイメージそのものだった。

本書の口絵には、我々が想像している首都高の未来を、プロのデザイナーに描いてもらったものを掲載しているが、未来といっても、何十年先のことではない。数年で実現可能な姿をイラストで表現しているのだ。

未来では、トラックなどの大型車両をはじめ、多くの車が地下を走るようになる。また、駐車場も地下に設置される。地上は豊かな緑に覆われ、長らく高架の下に隠れていた川にも太陽の光が降り注ぐ。

子供たちも、それと同じような未来を望んでいる――。

子供たちに何かを残したいと思っていた我々にとって、これほど勇気づけられることはなかった。

都市環境改善計画　公衆トイレと首都高

１９０９年、シカゴの中心部であるループ地区に、２つの公衆トイレが設置された。一つは市役所の横、もう一つは図書館の横。この事業こそ、ロータリークラブが初めて手がけた社会奉仕活動である。

それまでこの地区には公衆トイレがなく、通行人たちは不便を強いられていた。衛生面はもちろん、環境面でも深刻な問題が発生していた。そのことをたまたま聞きつけたロータリークラブの創設者、ポール・ハリス氏は、市民団体を組織して市の行政当局に働きかけた。近隣の飲食店や百貨店から猛烈に反対され、クラブ内からも戸惑いの声が上がっていたようだが、最終的に用地と設置資金を得て、何とか設置に漕ぎ着けたのだという。

現代の社会貢献というと、どこかグローバルなものをイメージしがちだ。我々の属する東京のロータリークラブも、発展途上国に行って井戸を掘ったり、病気が蔓延しないように環境衛生上の改善をしたりと、世界の貧困撲滅を目指してさまざまな活動を行ってきた。

首都高の再生計画を立てるに際し、こんなローカルなテーマをやってもいいのか、という思いも脳裏をよぎったが、シカゴでの公衆トイレ設置のように、もともとは地域社会への貢献がロータリークラブのテーマである。

クラブ内で、「首都高を地下に走らせよう」と提案するのは、そんなにおかしいことではないし、むしろ騒音や大気汚染に悩まされる沿線住民の暮らしをより良くするための環境整備と考えればロータリークラブとしても意義のある活動になるはずだ。

しかし会員たちの反応は必ずしも良いものばかりではなかった。

「利権が絡みそうな生臭い話をロータリークラブに持ち込まないでくれ」

「君たちには何かウラがあるの？」

我々がどんなに「利権とは関係がない」と説明しても、誰もがすぐに納得してくれるわけではなかった。

冷静に考えてみれば、莫大な費用が掛かる計画に、「何かあるだろう」と考えるのは正常で健全な思考だ。我々は「このような指摘を受けるのは、我々がまっとうな人たちに囲まれているからであり、むしろ良いことだ」ととらえた。我々の計画は、今後さらに厳しい世間の目に晒される。クラブ内の人間も説得できないようでは、外部の人たちだって説得できない。

そこで我々は、次のように説明することにした。

「この計画は、道路の建設が目的なのではありません。東京という都市の環境改善が第一の目的なのです」

そして、この計画の正式名称を、「都市環境改善計画」と定めることにした。

グリーンパンフレット

さすがの我々も、人に会うたび毎回同じ説明をするのは骨が折れた。言葉だけでは相手の理解も浅い気がした。

そこで、小笠原氏と奥村氏から受け取った資金を元手に、パンフレット作りに取りかかることにした。パンフレットなら、ビジュアルとともに説明することができるし、相手も後から読み返すことができる。説明する時間のない人には、「よろしければ、今度見ておいてください」と言って渡すだけでいい。

ただ、我々はこうしたパンフレットを作るのも初めてのことだった。どんな情報が必要で、どのように文章を書けばいいのか。何を図に描いて表現すればいいのか。わからないことだらけである。

困っていたところ、杉並のロータリークラブにいた出版業界の会員が、パンフレット作りを手伝ってくれることになった。ロータリークラブには業種を問わずにさまざまな会員がいるので、何か困ったことがあればいつも助けになる誰かが現れる。ロータリークラブで金銭や人脈など、物心両面で助けられたことは何度もある。仲間には本当に感謝している。

こうして仲間の力を借りて、パンフレットは思ったよりも短期間で完成した。イラストをふんだんに盛り込んだことで、首都高地下化のメリットをわかりやすく伝えることができた。「立派なものができたな」と二人とも満足しっぱなしであった。このパンフレット、正式には「都市環境改善計画」と題しているが、緑色を基調とした表紙になっているので、我々は「グリーンパンフレット」と呼んでいる。

グリーンパンフレットが出来上がった当初、それほどたくさん刷る必要はないだろうと思っていた。ダイレクトメールや街角で配るチラシのようなものなら、もっと大量に印刷する必要があったかもしれないが、我々は直接会った人に手持ちのパンフレットを渡し、一緒に見てもらいながら説明をしていたので、部数がそれほど必要とは考えなかったのだ。専門家や行政担当者、計画に協力してくれそうな人たちに配るものだけを印刷すれば十分と考え、500〜1000部しか刷らなかった。

しかし、3000部、5000部、と増刷に増刷を重ねるようになり、気が付けば今までに合計1万部くらいは印刷している。これだけ多くの人に配ることができたのは嬉しかったが、費用的にはかなりの負担となった。小笠原氏と奥村氏からの支援金はあっという間になくなってしまい、さらに追加してもらって結果的に自分たちのポケットマネーからも製作費用を捻出することになった。

我々がこの計画を始めてから、7年が経過している。その間、官公庁の職員、政治家など道路行政のカギを握る相当数の人がこのパンフレットを目にしたことになる。

「あのパンフレットを作った人たちですか」

渡したパンフレットが人から人に渡ったのだろうか。そう声を掛けられることもあった。最初から大量に印刷して無差別に配っていたら、受け取った人にすぐ捨てられていたかもしれないが、嬉しいことに今も持ってくれている人もいる。

先輩方から預かった大事なお金に加えてロータリークラブの仲間からのカンパ、そして、自分たちのお金を使っての限定生産だったからこそ、我々は一部一部を丁寧に手渡すことができた。受け取った人たちは我々の事情などを知る由もないが、このパンフレットに込められた思いをどこかで感じ取ってくれていたのかもしれない。

環状線から「タコの足」

グリーンパンフレットの仕上がりそのものには満足していたが、素人の思いつきをもとに作っただけあって、中身は正直、夢物語と思われても仕方のないレベルだった。自分たちの思い描いている理想はうまく表現できているが、いかんせん我々の専門知識が不足していたため、説得材料には欠けていたのだ。

大深度地下に首都高を建設した際のイメージマップなどは、まさにその一例である。それは新しくつくられる首都高環状線の真円から放射状に直線が7本のびているだけの、極めて単純な図であった（71ページ）。

何も考えずに描いたわけではなく、最初に環状線をつくって、そこから羽田方面や横浜方面、千葉方面、そして東名、中央、関越、東北の各高速道路につながるイメージで線を引いた。

「まるでタコみたいだな」

二人でそんな冗談を言っていたが、実際にこのパンフレットを専門家や行政の関係者たちに見せた際にも、

「この地図では話になりませんね」

と言われる始末であった。

今になってみれば、これでは話にならないというのもよくわかる。新首都高のイメージは湧くかもしれないが、本気で計画を実現させようと考えている人間が描く図としては、漫画チックになりすぎてしまった。出入口やジャンクションなど、もっと正確な地図が描ければよかったのだが、当時の我々の頭の中には、まだその程度の地図しか描けていなかったということである。

ただ、そのように詰め切れていない部分はあったものの、それがかえって同じ素人目線の人たちにはわかりやすく映ったようだ。説得材料としては足りなくても、関心を持ってもらうための材料としては十分に役割を果たしてくれたのではないかと思う。

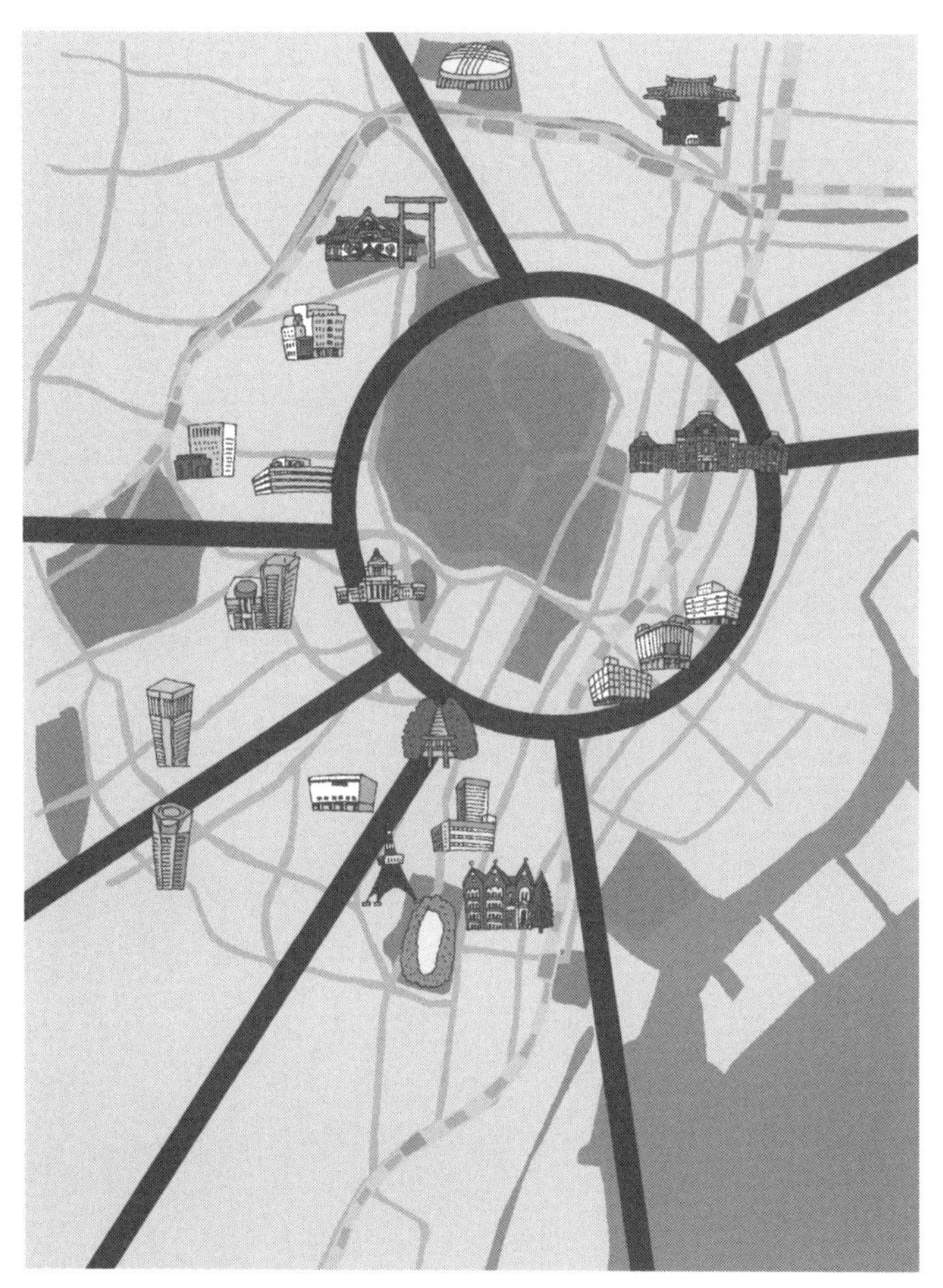

当初描いた大深度地下首都高のイメージマップ

「直し続けるから大丈夫。震度6までは」

その頃の我々は、無知のまま走り続けている状態だった。どこに行っても、誰に話を聞いても、「俺たちはそんなことも知らなかったのか」と痛感するばかりだった。

その無知さ加減に自分たちでも呆れてしまったのは、将来、首都高の通行料が無料になると決まっていたことを知った時である。

現在の首都高は、首都高速道路株式会社により運営されているが、道路の所有者は独立行政法人の日本高速道路保有・債務返済機構である。建設当時、首都高速道路株式会社は国の債務保証のもと、借入金で高速道路をつくった。その借入金は通行料収入で返済をし、完済後には通行料を無料にするという償還主義が採用されている。当初の予定では借金をすべて返し終わるのが２０５０年（65年まで延長する改正法が14年5月に成立。さらに50年延長になった）。その後、現在の首都高は都道になり、通行料金を原則無料にすることが決まっている。

そのため首都高を地下化するには――、つまり、今ある地上の道路を撤去するには、国交省よりも、将来の持ち主と決まっている東京都を中心に動かさなければならなかったのだ。

そこで我々は東京都の道路を管轄する部署の関係者たちを、ロータリークラブの勉強会に招いた。

「老朽化した首都高はあと何年も持たないでしょう？」

単刀直入に質問すると、彼らはこんな回答をしてきた。

「大丈夫です。修理して直し続けるから、持ちます」

そんなはずはないと思い、さらに突っ込んでみた。

「ここだけの話でいいから本当のことを言ってください。今のままでは持たないのでしょう？」

「都の職員としてでなく、個人の意見としてはどうなんですか？」

しかし、彼らには彼らの立場がある。どう揺さぶっても、

「大丈夫です」

この一点張りである。

当時、都の公式のステイトメントは、

「首都高は（直し続けるから）大丈夫」

となっているのだが、何を根拠に大丈夫と言っているのかを突っ込んで聞いたところ、ようやく口を割って出てきたのは、「地震が来ても震度6程度なら大丈夫」という答えだった。

震度7だったらどうするのか――。

1995年の阪神・淡路大震災、2004年の新潟県中越地震、そして

２０１１年の東日本大震災の最大震度は７である。気象庁以外の記録では、２０００年に鳥取県で、２００７年に新潟県で最大震度７相当が観測された例もある。つまり日本でこの20年間に数回あった震度７を、都は想定していないということになる。

「東京ではそんな大きな地震は起こらないだろう」

と思う人もいるかもしれない。しかし、歴史を紐解けば、東京やその近郊でも実際に巨大地震は起きている。１９２３年の関東大震災も、最大震度は７だったと言われている。

もし、東京でその規模の地震が起きれば、あの阪神・淡路大震災の時に高速道路が倒れたのと同じ光景を見ることになるかもしれない。日本が経験したいずれの大震災も、「想定外」であったために被害が大きくなった。その教訓はどこへ行ってしまったのだろうか。

我々は都の担当者に、「もし震度７の地震があったら、首都高はどうなるのか」と尋ねたが、同じような回答しか得られなかった。

「阪神・淡路大震災の後、耐震補強しているから大丈夫です。地震対策は終了しています」

いくら補強したといっても、それは地上の構造物だけだ。地下に埋まっている基礎部分までは補修ができていない。今のような厳しい耐震基準のない時代につくられた基礎部分は、古いままである。言うまでもなく、建物で最も重要なのは基礎部分。そこを直さない限り安全とは言えないはずだが、そんな費用や時間はないのだろう。

「やっぱり、俺たちの言っている大深度地下につくり直すしかない」

我々はそう再確認した。

都市計画の重鎮にいきなりコンタクト

グリーンパンフレットの「タコ足」の教訓、そしてさまざまな〝無知の自覚体験〟から、どうすれば専門性を高められるかと考えていたちょうどその頃、巷では、東京の地下空間の活用方法が話題になっていた。

民放局のあるバラエティ番組でも、「これからの日本は地下を活用すべきだ」という内容を放送していて、私はこの時も偶然テレビを見ていた。番組内で専門家が地下利用について話を始めた次の瞬間、ある直感が働いた私は、古屋にすぐさま連絡した。

「テレビに出ているこの専門家が頼りになりそうだから、アポを取ろう」

日本大学、岸井隆幸教授（当時）――。無知な我々は、その時はまだどんな人物かも知らなかったが、テレビに出るくらい有名な専門家だから、素晴らしい知恵を持っているはずだ。どうしても会いたいと思った。

インターネットで調べると、岸井教授のメールアドレスがすぐに出てきた。我々はすぐに「首都高地下化の計画を進めている者です。ぜひ先生にお会いしたい」とメールを送った。

すると数日後、岸井教授から、我々に会ってくれるという返事がきた。「テレビに出ている人がまさかこんなにすぐに会ってくれるとは」と驚いたが、その時は特に深く考えることもなく、面会場所として馴染みの蕎麦屋を予約した。

後に知ることになるのだが、岸井教授は大学教授であると同時に、日本都市計画学会にも所属する、専門家中の専門家であった。この後の平成22、23年度には同学会の会長も務めている。我々は日本の都市計画の重鎮をいきなりつかまえてしまったのである。

今となってみれば、こんな有名な先生と会談をするのに、蕎麦屋では申し訳なかったと思うが、その時は、「とにかく会いたい」の一心で、細かいことを考える余裕もなかった。

岸井教授が蕎麦屋に到着するとまず、我々は感謝の言葉を述べた。そして簡単な自己紹介をした後、自分たちが考えている首都高の地下化の計画について説明をした。

「こんな絵空事をやろうと思っているのですが、岸井先生のお知恵をぜひ貸していただけないでしょうか」

そう言って広げたのは、あのグリーンパンフレットである。専門家に見せるには気恥ずかしさもあったが、これが自分たちの現在地であることをわかってもらうには絶好の材料だった。

「私たちは全くの素人ですが、この計画をどうしても実現させたいんです。現状で足りない部分を先生に補ってもらい、時々は専門家である先生の名前をお借りしたい。専門家の裏付けがあれば、信ぴょう性があるように見えます。先生、何卒お願いします」

ダメもとでそう訴えた。

きっと先生は困惑するに違いない――。そう思い、顔を上げてみると、我々の心配とは裏腹に、岸井教授は穏やかな微笑みを浮かべていた。

我々の熱意を感じてくれたのか、それとも素人の突拍子もない計画を面白いと思ってくれたのか。とにもかくにも岸井教授はこう述べた。

「ぜひ、頑張りましょう。でも僕の名前を貸すだなんて、そんなことはさせませんよ。僕自身も輪の中に入って、直接手伝いますから」

少しでいいから知恵を借りたいと思っていた我々は、思わず顔を見合わせた。まさか全面協力をしてくれるとは、夢にも思わなかった。

「本当ですか！　先生、ありがとうございます！」

飛び上がらんばかりに嬉しくなった我々は何度も頭を下げ、別れ際には岸井教授とがっちりと握手を交わした。

コラム

古屋の臨機応変人生

我々の行動はいつも、臨機応変である。考えるより先に動く。古屋は特にその傾向が顕著である。

高校を卒業後、山梨から上京し、窓ふきのアルバイトで何とか食いつないでいた。やがて、会社からの信頼も厚くなり、人集めを頼まれ、アウトソーシングをするようになり、ついには、ビルメンテナンス業を開業してしまう。この人生そのものが、アドリブのようなものだ。

アルバイト時代には、世界39ヵ国を回ったこともある。1971年から約1年半をかけ、アメリカ、中国、ソ連と冷戦時代にもかかわらず西も東も関係なく訪問したのだ。

当時は1ドルが308円の時代。インターネットはおろか、携帯電話もなく、海外旅行は今よりも遥かに厳しかった。日本から渡航できない国が4ヵ国あったが、それも、

「約160の国のうちの4ヵ国以外はすべて行けるということだな」

と、なぜか良い方向に考える癖は当時からあった。

古屋の学生時代は英語教育がなかったため英語も話せず、ある国では、「立ち入り禁止」の看板の意味がわからず、国境警備隊に銃を突き付けられたこともあった。この時は、ボディーランゲージで何とかコミュニケーションしているうちに隊員と仲良くなり、記念写真まで撮らせてもらった。

また、ある国では、思いつきで車を買うこともあった。ディーラーまで行き、そこから日本領事館に電話をしてもらい、

「車を買おうと思うのですが、通訳してもらえませんか」

と領事館員にお願いをした。ディーラーのスタッフと領事館員に会話を

任せ、自分はお金だけ払って、車を手に入れたのだ。

若さからか、どこに行くのも怖いものなしではあったが、それでも危険だと思う国はいくつかあった。そんな時は、その国から山梨の実家宛てに、「○○月○○日、△△時△△分、某国の某所にいる」という絵葉書を投函していた。他に連絡手段のない時代だから、これはいわば自らの生存を証明する記録であった。思いつきの行動でも、こうしたリスク管理の意識が片隅にはあったのかもしれない。

古屋のこうした「臨機応変」な性分は、都市環境改善計画の推進においても重要な原動力となった。

第二章

政治と行政の壁を乗り越えて

役人にも夢がある

経営者サークルやロータリークラブの仲間、そして、専門家の岸井隆幸教授と、強力な援軍を得た我々だったが、どんなに素晴らしい計画書が出来上がったとしても、それだけで国が動くとは到底思えない。都市環境改善計画を国に持ち込むには、そのルートに明るい人物とも知り合う必要があった。

そんな時、仲間から紹介されたのが、元参議院議員の藤野公孝氏である。藤野氏は旧運輸省出身。第一次安倍内閣で国土交通大臣政務官も務めた道路行政のプロである。我々の計画を知った藤野氏は、頼りになる人物を紹介すると約束してくれた。

２００8年8月、とりわけ暑かった夏のある日のこと。

我々は藤野氏とともに、都内某所で夕食を兼ねてその人物に会うことになった。三人は先に店に到着したが、その彼は約束の時間になっても現れない。

普通なら心配になるところだが、この日、彼はどうしても時間通りに来られない理由があり、我々もそれを承知していた。

「まあ、今日ほど忙しい日はないよな」

三人で、そんなことを言いながら彼を待った。

一時間ほど経った頃だろうか。ようやく彼が現れた。

「遅れて申し訳ございません。まだこの後もいろいろとやることが残っていて、30分しかこの場にいられません。先にお詫びいたします」

謝るべきは我々のほうだった。その日、もしかすると日本で最も忙しい人物を呼び出してしまったのだから。

この人物は、旧建設省出身の谷口博昭氏。国土交通省の技監という重要ポストに就いていた彼が遅れたのは、ちょうどその日、内閣改造により国土交通大臣が代わったためである。大臣への報告や説明など、多くの引き継ぎ業務に追われていたようだ。そんな日にわざわざ、我々との約束を守ってくれた。

「こんな計画なんですが、国で何とか実現できないものでしょうか」

この時も広げたのは、あのグリーンパンフレットである。岸井教授はバラエティ番組に出演するくらいなので、柔軟な思考の持ち主だろうということは会う前から予想できた。省庁で鍛えられてきた谷口氏は、果たしてこのパンフレットを見てどう反応するだろうか。

一抹の不安があったが、谷口氏の反応は意外なものだった。

「これは素晴らしいですね！　首都高の地下化が実現したら、子供から大人まで、みんな喜びますよ！」

新しい都市づくりに夢を抱いていたのは、我々だけではなかった。谷口氏もまた、入省以来、大きな夢を持っていたのだ。彼は、胸の内をこう打ち明けてくれた。

「私も入省した頃はいろんな夢がありました。いつからか実務に追われるようになってしまったけど、本当はこういう大きな仕事をしたいって、ずっと思っていたんですよ」

偶然にも、この時居合わせた4人は全員、昭和23年（1948年）、子（ねずみ）年生まれであった。

同い年ということもあって話が弾み、気付けば約束の30分どころか、何時間もしゃべりっぱなしであった。しまいには店員から、「そろそろ閉店のお時間ですが……」と言われる始末で、時計は午後11時を回っていた。

谷口氏とはこの後、何度も会うことになるが、初めて会ったこの日のことは今でも語り草になっている。彼にとっては、大臣が代わった大変な日だったという記憶とともに覚えているのだろう。

森記念財団から5億円相当の資料無償提供

我々は四六時中、首都高のことだけを考えていたわけではなかった。本業も疎かにはできないし、そもそも首都高のことだけを考え続ける材料も持ち合わせていなかった。

もちろん、自分たちで勉強をしながら進めていたので、最初の頃より知識は増えていた。それでもまだ素人の域であることは明白で、専門家や行政担当者に会って話を聞くたびに、目からウロコが落ちるようであった。

ただ、全くの素人であることがマイナスになっていたかというと、必ずしもそうではなく、かえってそれで良かった、ということもあった。

我々がこの計画を進めていると聞いて、専門家や政治家を紹介してくれる人もたくさんいた。子供が100年後の未来を描いたという話をしてくれた山田宏元杉並区長もその一人である。氏は我々が持参したグリーンパンフレットを見て、こんな申し出をしてくれた。

「杉並区に都市計画で著名な専門家が住んでいるんですよ。お二人にぜひ紹介したい」

著名な専門家とは、森記念財団の理事長（当時）、伊藤滋氏。奇遇なことに、伊藤氏、そして森ビル株式会社の森稔社長（当時）も、ロータリークラブの会員だった。

それなら話は早いだろうと、我々は早速、森ビルに出向いて伊藤氏と面会した。

「ようこそ、いらっしゃいました」

小柄で柔和な表情の伊藤氏は快く迎えてくれた。彼に会えたことで、我々の夢物語は、より現実的なプランとして話が進むようになる。

我々は伊藤氏から、驚くべきことを聞かされた。なんと、森ビルも自分たちの計画と同じような首都高地下化の構想を練っていたのだ。しかも専門家らによる研究報告書も存在していた。

グリーンパンフレットに載せた新首都高の路線イメージは、まるでタコの足のようだったが、森ビルの構想ではどこを走らせるか、どこにランプ（出入口）をつくるかが現実性のある具体案で描かれていた。素人と専門家の違いをまざまざと見せつけられたのである。

その他の報告書も、首都高の地下化が実現可能であることを裏付けるものばかりだった。

しかし、こんなにも詳細に練られた森記念財団の計画は、いつの間にかお蔵入りになってしまったようだ。

「それはもったいない……」

新都心線（約50.4㎞）の路線図

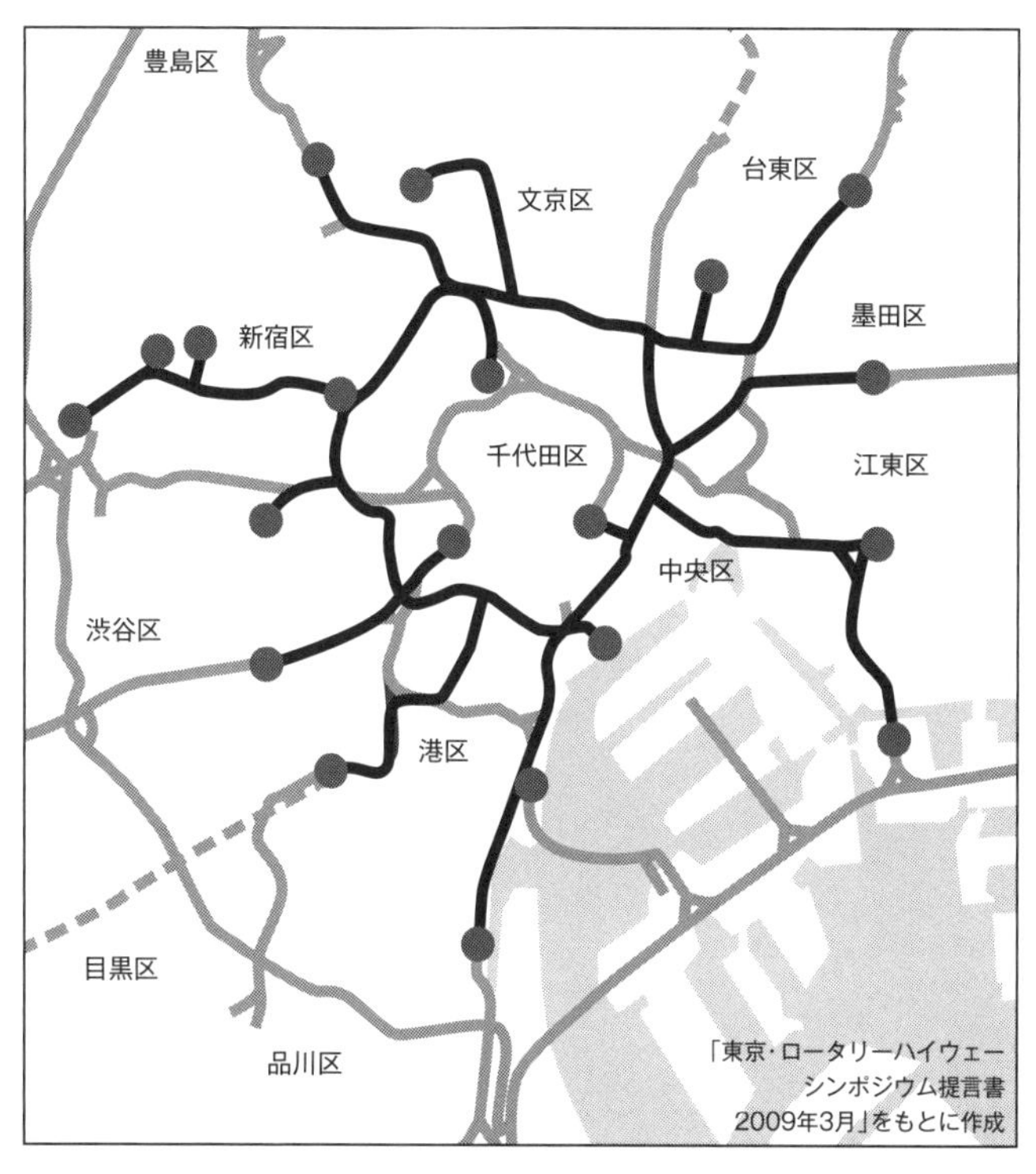

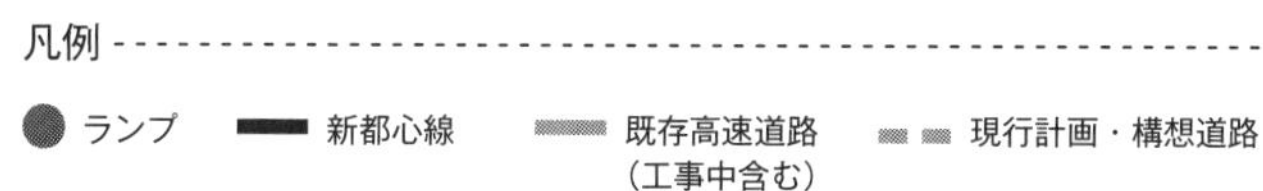

古屋がそう漏らしたのも無理はない。聞けば、森記念財団はこの構想の研究報告書に、5億円も掛けたというのだ。

目を丸くする我々のことなどお構いなしに、伊藤氏はこう切り出した。

「よろしければこれらの報告書を、お二人にお譲りしたいと思うのですが」

5億円も掛けて作られた報告書だ。内容もこちらの数十歩先を行っている。喉から手が出るほど欲しい代物であったが、これをいったいいくらで譲ってくれるのか、金額のことが気になった。

「著作権ごとお譲りします。50万円でいかがでしょうか」

破格である。5億円が一気に1000分の一になった。仮に我々が一からこれだけの資料を用意しようとしたら、とても50万円では作れない。二人で相談することもなく、「ぜひお譲りください」と懇願した。

後日、伊藤氏は著作権などの問題で後々もめることのないよう、立派な契約書まで作成してくれた。こうして、森記念財団から東京杉並ロータリークラブへ、５億円相当の報告書が著作権付きで渡ってきたのである。

驚いたのはそれだけではなかった。我々が譲渡金50万円を持参し、それを伊藤氏に渡すと、

「ありがとうございます。このお金はまるまる寄付させていただきますので、この計画に関するシンポジウムでも開いてください」

と、すぐに50万円を差し戻したのである。つまり、50万円で譲るというのは形だけのことで、実質無償で5億円相当の報告書を提供してくれたということになる。

伊藤氏も、私利私欲のために我々の計画を支持してくれたわけではない。次の世代に良いものを残したいという、学者として、そしてロータリアンとしてのロマンがあったのだ。

「伊藤さんは、俺たちに自分の夢を託したのだろうな」

二人でそう解釈し、「何としてもやり遂げよう」と思いを新たにした。

第1回シンポジウム

年が明けて2009年。この頃になると、我々がお会いした専門家や応援してくれる人たちは、かなりの人数にのぼり、彼らに経過を報告する機会を設けてもいいのでは、と考えるようになった。

「そろそろシンポジウムでも開いてみようか」

5億円相当の資料を譲り受けた我々としては、それが伊藤氏への恩返しにもなる。「どうせやるなら、みんながびっくりするようなことをやろう」と、二人で知恵を出し合った。

シンポジウムと一口に言っても、公民館や大学の講義室で開かれる小規模なものから、箱モノで開かれる大規模なものまでさまざまである。

手弁当でやっている我々が開くなら、コンパクトなシンポジウムにすべきところではあるが、思い切って大会場でやってみることにした。首都高を地下化するという、みんなを驚かせるようなことをこれからやるのだから、その計画に見合った、それなりの場所であることが重要だと考えたのだ。

古屋が会場として押さえたのは、ホテルニューオータニの最も広い会場。3月9日に空きがあったので、すぐに予約を入れた。大きな披露宴などで使われる会場で、最高でテーブル席400人は入る部屋だ。会場費は700万円である。

しかし、招待状を送ってからしばらく待ってみても、返信が思うように集まらない。いったい何人が来場するのか見当もつかず、こんなに不安な思いをするなら大きな会場を借りなければよかったと、少し後悔し始めた。

結局、人数が確定したのはシンポジウム前日で、100人ほどであった。

出席で返信してくれた人が実際に来るとは限らず、逆に、返信なしで当日突然現れる人もいるかもしれない。蓋を開けてみるまでは、誰が会場にやってくるのかわからず、二人とも口には出さないが、７００万円が無駄になるのではないかと、内心冷や冷やしていた。

不透明なのは出席人数だけではなかった。綿密な計画もなしに衝動的に開催することになったので、プログラムをどう作ればよいかもわからず、ほとんどぶっつけ本番で臨む状態だったのだ。

自分たちが好きでやっていることなので、当日の司会進行や雑務を誰かに任せるわけにもいかない。結局、私が司会を、古屋が進行役を務め、ともに雑務で会場を駆け回った。

「会場の席が埋まらなかったらどうしようか……」

二人ともそんなことを考えていたが、終わってみれば立ち見が出るほどの大盛況。当日になって急に現れた人もいたので、実際には予定人数よりも多い、460人が集まった。大きな会場を押さえて正解だった。

シンポジウムの後には懇親会も用意した。料理や飲み物は100人分と見積もっていたが、実際には200人以上が参加してくれた。

招待状の返事を出さずに、当日になって参加してくれた人に、「なぜ参加してくれたのですか？」と尋ねてみたところ、実に明快な答えが返ってきた。

「あなたたちのやっていることが、面白そうだったからだよ」

我々も、自分たちがやっていることは面白いと思っていた。それが他人にどう映っているのかは知る由もなかったので、この言葉を聞けただけでも、シンポジウムは大成功だったのではないかと思う。

満席で立ち見客も出た第1回シンポジウム

駆けつけた政治家と専門家

大盛況に終わった第1回のシンポジウムは、東京杉並ロータリークラブをはじめとする3つのクラブの名目で合同主催した。実質的には、我々だけで主催したようなものかもしれないが、ロータリークラブの名前を使えるメリットは計り知れない。これまでロータリークラブの先輩方が築き上げてきた信頼と実績があったおかげで、多数の政治家や専門家を呼ぶことにも成功した。

登壇して挨拶をしてくれた元環境大臣の小池百合子衆議院議員（当時）。ビデオメッセージを寄せてくれた東京都の石原慎太郎都知事（当時）。

専門家の方々もこの場で意見を述べてくれた。我々に5億円の資料提供

をしてくれた森記念財団理事長の伊藤滋氏は、基調講演で、

「都市計画学者として、実現できる提案をしている」

と、この計画に太鼓判を捺してくれた。伊藤氏は我々よりも先に、何年もかけて構想を練っていたというだけあって、その解説はわかりやすくて好評だった。

また、我々をバックアップしてくれている岸井隆幸教授も、

「この計画をもっと具体的に考えるべきです」

力強く、そう述べてくれた。

他にも多くの専門家、政治家の方々がメッセージを寄せ、さまざまな方向からこの計画の必要性を訴える機会となった。

「この計画は夢物語ではない」

我々が自信を持ってそう言えるようになったのは、この頃からである。

シンポジウムで挨拶する
小池百合子衆議院議員
「新しい東京を、人に優しい東京を、ロータリーの方々が牽引役となって実現してくださることをご期待申し上げます」

シンポジウムで講演する
日本大学の岸井隆幸教授
前述　都市計画学会会長

ビデオ出演する石原慎太郎都知事
「ロータリアンの皆さまの確かな裏付けのある貴重な声を、都行政に活かします！」

必要な建設費は4兆円

シンポジウムを成功させた我々は、実現に向けてよりリアルな説得材料を用意しなければという気持ちになった。確かにグリーンパンフレットは計画の必要性や自分たちの理想を伝えるのに十分な役割は果たした。しかしこの先は我々の計画が実現可能であることを裏付ける資料が必要である。最初に手を付けなければならなかったのは、建設費の試算と、その費用調達方法だった。プロである国交省の官僚たちを納得させるだけの根拠がなければ、「素人の夢」で終わってしまう。

当初から、「税金を使わずに実現する」ということを念頭に置いてきたが、この頃には岸井教授からの助けもあり、「素人」ながらもかなりの知識が備わっていた。

お金周りのことが得意なのは、私だった。大学時代に会計学を学び、実家の材木屋が経営危機に陥った時も、会計の知恵で何とか乗り切った。私は建設業者らへのヒアリングを通じ、必要な建設費が4兆円であることを導き出した。

「古屋さん、4兆円です。4兆円あれば何とかできます」

「4兆!? そんなお金どうやって用意するんだ?」

この4兆円をどう調達するかを考え始めた我々だが、4兆では足りないことにもすぐ気が付いた。現在の首都高の通行料金は、国が建設時の借金を返済する原資となっている。新しい首都高をつくるのならば、開通後の通行料で、まだ返済していない昔の借金も返さなければならない。また、すべての借金を返し終わるまでの道路補修費なども考える必要がある。

こうしたことを考えていくと、実際に必要な金額は9兆円であることがわかった。

100年償還プラン

9兆円を一括で調達するのは不可能だ。税金の投入があれば話は別だが、今回の計画は税金を1円も使わないことが大前提にある。

となると、これは借金をするしかない。借金という言葉はマイナスのイメージを持たれがちだが、借金というのは未来への投資という意味もある。成長しているどの会社も、借金を活用して事業を始めている。

つまり、重要なのは、「借金を何年で返すか」なのだ。これは結局「新しい首都高は何年持つか（＝経済寿命）」と同じ意味を持つ。

我々は専門家らの意見をもとに、100年は持つと見積もっている。これでも低く見積もっているほうだ。地下の構造物はそれだけ長持ちする。

地下構造物の強さを証明しているのが、日本で最も古い地下鉄、東京メトロ銀座線だ。開通からすでに95年以上が経っているが、今後も補修しながらあと100年は活躍できるといわれている。首都高も地下ならば補修しながらであればこれから更に100年は十分に持つはずだ。

新首都高を100年使うのであれば、今、9兆円を借金して、それを100年で返済すればいいことになる。つまり1年あたりに換算すると900億円返済できればいい。実際には金利がつくので、900億円では足りないが、そのあたりは経済発展に合わせた通行料の値上げや、景気回復による交通量の増加でカバーできると見ている。

9兆円は日銀が貸してくれる

問題は、「すぐに9兆円を貸してくれる銀行があるのか」という点だった。普通に考えて兆単位のお金など貸してくれるわけがない。ところが先の第1回シンポジウムに参加していた元日本銀行理事の安斎隆氏が、「お金は日銀が出しますよ」と言ってくれたのだ。

安斎氏は我々を日銀まで連れて行き、現役理事の担当者を紹介してくれた。この計画でこれまでたくさんの省庁に行ったが、特に面白い話が聞けたのは、この日銀に行った時である。

日銀といえば、民間の銀行にお金を貸す「銀行の銀行」である。ところがこのところ、銀行に貸し出したお金が巡り巡って、銀行から預金として日銀へブーメランのように戻ってくるのだという。日銀は経済対策のためにお金を貸し出しているはずなのに、お金を必要としている民間に流れていない。つまり、日銀の貸出金が実際には全く使われていないというのだ。これでは日銀としてもやっていることに意味がない。

我々が首都高地下化計画について説明し、「9兆円が必要です」と伝えると、

「実際にお金が使われるのであれば、私たちの目的である経済対策にもなります。この9兆円、ぜひ融資したいと思いますので、条件を整えてまた来てください。お待ちしております」と、担当者から告げられた。

日銀は、民間の事業に直接融資することはできないが、間に民間の銀行を挟めば可能となる。つまりこのプランは事業主体が、民間の銀行から融資をしてもらい、その銀行に対して日銀がお金を供給するというわけだ。これで我々がずっと頭を悩ませていた資金問題についてもめどが立った。

9兆円のバランスシート

ここで調達する9兆円とその使い道について述べておこう。

114ページのバランスシートをご覧いただきたい。

バランスシートというのは貸借対照表の別名である。表は左右に分けられており、左側が「借方」、右側が「貸方」と呼ばれる。その意味を説明し始めると会計の本になってしまうので、ここでは、左側が「お金をどう使うか」、右側が「お金をどう調達したか」と理解してもらえれば十分である。左の合計金額と右の合計金額は必ず一致しなければならない。

まず、左側の最初の項目、新都心線建設費について。これが新しい首都高の建設費のことである。正確な試算では3・8兆円だが、便宜上、これを本文では「4兆円」と表現している。

そして、既存債務、4・1兆円。これは平成23年度末に首都高速道路株式会社が持っていた借金のことである。新しい道路をつくったからといってこれまでの借金がチャラになるわけではない。返済しながら新しい道路を運営・管理していくことになるので、この費用もここに計上している。

また、道路完成から100年間に掛かる追加補修費は、1兆円と試算した。

これで、首都高の地下化に際して掛かる費用は、合計で約9兆円ということになった。先ほどまでの話の通りだ。

続いて、右側の項目をご覧いただこう。こちらはお金の調達方法とその金額である。

今回の計画は、税金を1円も使わずに、利用者負担のみでペイすることが基本原則である。道路建設に税金を使うとなるとすぐにでも反対の声が上がるだろうが、利用者が払うのだから誰も文句はないはずだ。

今後100年掛けて調達する通行料は、約8兆円である。バランスシートで言えば、「現行計画による利用者負担」、「恒久有料化による利用者負担」、「インフレと経済発展に合わせた利用者負担」の3つがそれに当たる。

そして、残り1兆円は、地上の高架橋がなくなることによる経済効果や、建設費の削減努力として計上された金額である。

これでバランスシートの左右は同じ9兆円となった。

このバランスシートは、資金的な裏付けがあることを証明するものである。我々が国に提出する提言書にも、これを掲載することにした。

費用と財源のバランスシート

債務・建設費	財源			
新都心線建設費 3.8兆円	現行計画による利用者負担	H61年度(2049年)までの現行通行料※2	**4.1**兆円	合計 約**9**兆円
既存債務 4.1兆円※1	恒久有料化による利用者負担	100年後※3までの現行通行料※2	**1.9**兆円	
	インフレと経済発展に合わせた利用者負担	金利3%に到達するH35年(2023年)度以降、インフレと経済発展に応じて10年ごとに10%通行料金値上げ※4	**1.9**兆円	
追加補修費 1.0兆円	民間の活用等	建設費削減の努力 空中権・容積率割増の経済効果	**1.0**兆円以上	

※1: H23年度末残高。社会資本借入金 0.3 兆円含む。
※2: 通行料、修繕費、管理費は首都高速道路(株)、機構の計画を踏襲。
※3: 新道路完成後から100年。
※4: 高速道路機構の収支予算計画ではH35年(2023年)度に金利3%に到達。
以降、インフレ傾向と仮定。

出所: 首都高速道路株式会社・高速道路機構「収支予算の明細」(H24.4.20付)

党や派閥にとらわれない政治家探し

この計画を国に持ち込むには、政治家の協力が不可欠であった。しかし、政治の世界は複雑だ。同じ党の議員でも、派閥が違えば意見も違う。さらに言えば、その派閥内でも意見が割れることも珍しくない。

そして、党や派閥の論理に歩調を合わせるような政治家では、利権を優先してしまうので意味がない。党や派閥の枠にとらわれず、自分の政治信条、信念に基づいて動くことのできる人。我々はそんな議員を探していた。

そのような政治家がどこにいるのかと思っていたが、信頼できる方から、

「この先生ならあなたたちの力になってくれるはずだ」

と、衆議院議員の松原仁氏を紹介された。

我々は早速、松原氏に接触を試みた。

しかし、彼の所属する民主党（当時）は、公共事業には消極的。そのため最初のうちは、「建設関連のことは、お手伝いできません」と断られた。どうも、我々が建設業者のための公共工事を推進しようとしていると誤解されたようだ。

松原氏の誤解を解くため、我々は計画の本質を説明した。

「この計画は無駄な工事をするためのものではありません。結果的に建設工事をすることにはなりますが、税金は1円も使わないのです。それに、この計画の真の目的は環境改善です」

首都高の沿線住民の健康被害をなくすため、そして、緑豊かな街づくりのため、首都高を地下化させることが必要なのだと訴えた。このあたりのことは、グリーンパンフレットにも書いていたのでネタは豊富だった。

さらに、現在の首都高がいかに危険であるかということ、そして、松原

地下化計画に賛同し尽力してくれた松原仁氏

氏の地元も無関係ではないということを説明した。

「松原先生、あなたの地元であるこの区間は特に古く、危険なんです」

松原氏の選挙区である大田区には羽田空港がある。羽田と都心を結ぶ首都高速1号羽田線は、1962年から順次開通。66年に全線開通してからすでに60年近くが経過し、首都高の老朽化が最も進んでいるといわれる地域である。

我々がその点を指摘すると、松原氏の態度は明らかに軟化した。彼としても首都高の再建が、自らの重要な政治信条に適していると感じたのだろう。

我々のしつこさにも観念したのか、松原氏は協力要請に応じてくれることになった。そして、首都高の再建計画の力になりそうな人を次々に紹介してくれ、誰に会うべきか、見定めるコツを教えてくれた。最終的には大臣に会う必要があることも知らなかった我々にとって松原氏の助言は大いに参考になった。

政権交代ですべてが白紙に

２００９年３月のシンポジウムを境に、都市環境改善計画は日増しに現実味を帯びていった。その年の５月には、国土交通省で最初の勉強会が開かれることになり、その準備のために、国交省へも足繁く通った。

第１回の勉強会は非常に有意義なものになった。

「次の勉強会は、８月か９月に開きましょう」

国交省担当者がそう言うほどに、自分たちでも十分な手応えを感じ取っていた。

しかし、８月になっても国交省からは何の音沙汰もない。いったいどうなったのかと不安な日々が続いたが、当時の政治状況を考えれば仕方のないことだった。政界はその頃、自民党政権から民主党政権に代わるかもしれないという、歴史的転換点に立っていたのだ。

「政権がひっくり返ったら、俺たちの計画も終わりかな」

そんな我々の不安は現実のものとなった。2009年9月。勢いづいた民主党は、衆院選で圧勝し、一気に政権を奪取した。

「コンクリートから人へ」

この選挙のハイライトとなる、民主党のキャッチフレーズだ。当時のメディアは、この言葉こそが民意だという扱いをしていた。

一方、我々が実現させたい首都高のトンネル工事は、明らかにその流れに逆行する。我々がどれだけ、「これは環境のため、安全のために必要なんです」と訴えても、その声はあっという間に、そのキャッチフレーズにかき消されてしまった。我々は税金を使わない計画を立てていたが、そこまで聞いてくれることもなく、「工事＝悪」で片付けられたのである。

政権が交代すると、国交省で開かれる予定だった勉強会も正式に中止となった。この時ばかりは、普段は前向きな我々も落ち込んでしまった。

「せっかく国交省で取り上げてもらうところまで来たのに、公共事業を悪者扱いにしている民主党政権では話が進まない」

そう諦めかけた時、また助けてくれたのが松原仁氏だった。松原氏は、当時の国交大臣、前原誠司氏に我々を紹介してくれたのだ。まるで敗者復活戦で勝ち上がったかのように、一気に視界が開けた気がした。

この計画を超党派で進めてきた甲斐があった、党や派閥にとらわれずに動ける議員を味方に付けてよかったと、我々は自分たちのしてきたことが間違っていなかったことを再確認した。もし、自民党の議員だけに頼っていたら、為す術もなく計画を終わらせることになっていただろう。

前原氏は我々から計画の概要を聞くと、その場で秘書官にこう伝えた。

「この計画を検討するように」

これでまた計画を進められる……はずだった。

しかし喜んだのもつかの間、その先、何の進展もない。どうなっているのか確かめてみると、その時前原氏から指示を受けた秘書官は、何を思ったのか、この都市計画をまちづくり推進課という部署に渡したというのだ。数兆円規模の計画を、まちづくり推進課に扱えるわけがない。結局、前原氏もこの計画にはさほど熱心ではなかったということだ。

それからまた時は流れ、政権交代から一年後の２０１０年9月、国交大臣が馬淵澄夫氏に代わった。再び松原氏が動き、新大臣に会える機会を作ってくれた。

今度こそ新しいきっかけが生まれるのではと期待した我々に馬淵氏が突きつけた答えは「ＮＯ」だった。将来の通行料を当てにした計画には賛成できないというのだ。前原氏の時よりも、実現から遠のいたような気がした。

震災で消えた「コンクリートから人へ」

ところが、またしても転機が訪れる。

2011年1月に国交大臣が馬淵氏から大畠章宏氏に交代した2カ月後の3月11日、東日本大震災が起きたのだ。

東北の沿岸地域を中心とする被災地は、津波により壊滅状態。高速道路も一時通行止めとなり、被害の大きかった常磐自動車道では一部で盛り土が崩落するなどした。

地震大国の日本が、安全を軽視してやっていけるわけがない。そのことを再確認するには、あまりにもインパクトのある出来事であった。そして、日本全体で、防災に対する意識のシフトが一斉に始まった。

この震災以降「コンクリートから人へ」という言葉は急速に力を失っていった。一方、「コンクリートが人を守る」という意識にシフトする人の数は増え、止まりかけていた都市環境改善計画にとっては追い風となった。

震災から半年後の2011年9月、我々にとって驚くべきことが起こった。この計画の実現のために、多くのキーパーソンを紹介してくれていた松原氏自身が、前田武志国交大臣の下で国交道路担当の副大臣に就任したのだ。

「このプロジェクトを国交省で取り上げましょう」

松原氏はそう言って、沈みかけていた我々を勇気づけた。

「いよいよ、俺たちの都市環境改善計画が復活する――」

終わったと思っていたものが甦ることになり、今度こそ、実現に向けて一気に進もうという意気込みであった。

首都高の再建計画が再び始動したのは、松原国交副大臣の尽力があったからこそである。だが、それだけではないだろう。恐らく民主党内部でも、東日本大震災を境に、考えを改める声が強まっていたはずだ。

「あの二人が言っているように、老朽化した首都高が倒壊するようなことが現実になるかもしれない……」

そう危機感を抱いた民主党議員は、一人や二人ではなかっただろう。

有識者会議が開かれた！

２０１２年４月10日、国交省で第１回の「首都高速の再生に関する有識者会議」が開かれた。

「ついに、ここまで来たか……」

素人でありながらこの計画を始めた我々から見ると、自分たちが「有識者」などとは恐れ多い！　心底そう思っていたが、間違いなく、我々はその場にいたのだ。

松原氏の国交副大臣就任とともに都市環境改善計画が再始動してから、7ヵ月という月日が流れていた。この間、我々の計画は国交省内部でも話題となっており、「計画の提案者」として出席者に名を連ねる運びとなったのだ。

国交省の庁舎はあまりに大きいので、全体のことはよくわからないが、恐らく会議室としては一、二を争う広さがあっただろう。革張りの椅子が厳粛な空気を醸し出し、国を左右する話し合いをするに相応しい緊張感があった。

そこに集まった人たちの顔ぶれも豪華だった。東京都副知事、道路の専門家や政治評論家、経済団体の代表者、有名デザイナー。テレビや新聞で見覚えのある顔ぶれがずらりと並び、我々など消えてしまいそうなほどちっぽけな存在に思えた。

「こんなにすごい人たちの中で、俺たちの計画をロータリーの提案として取り上げて、俺たちはその提案者として座っている」

そう考えると、緊張と誇らしさで身震いした。多くのメディアも取材に来ており、その注目度の高さにも驚かされた。

会議の冒頭、前田国交大臣はこう述べた。

「老朽化する首都高をどうするのか、日本橋が今のままの状態でいいのか。こういったことを、国民の立場から、有識者の皆さまに検討していただきたい」

岸井教授の本音

実はその第1回有識者会議の数日前、我々は当時の前田国交大臣に初めて顔合わせするため、朝食会の席にいた。国交省の官僚や、あの岸井隆幸教授も同席していた。蕎麦屋からの付き合いとなる岸井教授は、この時初めて本音を語った。

「まさか、あの計画がここまで来られるとは思っていませんでした。大臣がわざわざ朝食会に来るなんて。それに今ここにいる官僚は、国交省の中でも本流の人たちです。正直驚いていますよ」

我々を褒めるつもりでおっしゃったのだろう。だが我々は、「何年もかかっているのに、まだ朝食会場なのか」としびれを切らしているくらいだった。本当は朝食会場なんかではなく、国交省の庁舎内で具体的に話し合いたい。そういう思いだった。

活動を始めてから早4年が過ぎていた。我々にとっての4年は重い。若い人たちのように、多くの時間が残されているわけではないのだ。

なぜ、もっと早く進まないのか。

我々は岸井教授に、それとなく自分たちの不満を伝えた。するとこんな答えが返ってきた。

「こんなスピードで国が動くなんて、とても珍しいことなんですよ」

日本都市計画学会会長だった岸井教授も、もともとは建設省（現国土交通省）のキャリアである。その人がそう言うのなら、実際そうなのだろうと思い直し、なるべく良い方向に考えるようにした。

提言書を大臣に提出

有識者会議を開いてくれた前田国交大臣は、それからわずか2ヵ月も経たないうちに退任することになった。そして2012年6月に羽田雄一郎氏が新しく大臣に就任した。

またか……。

当時の率直な感想である。これまで大臣が代わるたび、我々の計画が持ち上がったり、頓挫したりということを繰り返してきた。有識者会議も開かれてこんなにうまく行っているのに、今度はいったいどうなるのか。大臣の計画に対する意向がわかるまで、落ち着かなかった。

しかし、この交代で計画が頓挫することはなく、有識者会議は現地視察を含めた計6回すべてが予定通りに開催された。

そして、その年の9月、会議で話し合われた結果をまとめた「首都高速の再生に関する有識者会議提言書」を無事に羽田国交大臣に手交することができた。その際、大臣はこう述べた。

「国交大臣としてこの提言書に基づき、直ちに検討を始めます」

全6回の有識者会議にも、そして提言書を手交する際の会場にも、提案者である我々は常に駆け付けた。

専門家らによる活発な議論や、毎回作成される分厚い資料は、我々の知識では追い付けないほど専門的なものになっていた。

国交大臣に提言書が手交されたことで、都市環境改善計画は我々の手を離れた。つまりそれは、国においてもこの計画が本格的な始動段階に入ったことを意味する。

「俺たちは、こんなに難しいことを実現させようとしていたのか……」

専門家が作成した有識者会議の提言書と、自分たちが作ったグリーンパンフレットを見比べながら、「小学生の描いたラフプランをプロが描き直すとこんなに違うものなのか」と、改めて思い知らされた。

民主党政権時に得たもの

提言書の手交からわずか3ヵ月後の2012年12月。衆院選で民主党が敗れ、自民党が第一党に返り咲いた。新しい自公連立政権で国交大臣に任命されたのは、太田昭宏氏であった。

「政権与党に賛同者は多いに違いないが、民主党時代に進んだものまで逆戻りしてしまわないだろうか」

そんな危惧があったが、ここでも松原氏が助け船を出してくれた。太田大臣と松原氏は、政党は違えども同じ都議会の出身。そんな縁もあり、松原氏が太田大臣に直接この計画の話をして説得してくれたのだ。

これで滞りなく計画が進められる――。我々もそう安心した。

大臣が代わるたびに、国交省の担当者はブリーフィングを開き、今進んでいる案件について大臣に説明をする。首都高の再生案件もその一つだった。担当者から、「大臣に説明しに来てほしい」と連絡があるたび赴いていた我々は、交代したいずれの国交大臣にも会っていたことになる。

大臣との面会場所は、主に朝食会の会場であった。どの大臣も、「よく来てくれました」と我々を歓迎し、首都高の地下化計画の話を熱心に聞いてくれた。

グリーンパンフレットを次々に増刷した背景には、大臣の交代が頻繁にあったこともある。新大臣にだけ渡すのではなく、その周りの担当者、さらに、その周辺の人たちにも配っていると手持ちのパンフレットがあっという間になくなってしまったのだ。名刺もかなりの枚数を印刷した。国交省には、警備員の顔を覚えるくらい何度も足を運んでいた。

今になって思えば、2009年に自民党政権から民主党政権に代わったことは、我々にとっては「瓢箪から駒」で、良いこともあった。

もし、自民党政権のままだったら、

「これは○○代議士の案件ですね」

と、我々の提案が古い利権構造の中に埋もれてしまう恐れもあったからだ。民主党政権時には、これまで国交省と何の関係もない人が要職に就くことがあり、我々の計画に新鮮さを感じてくれる人が多かった。

これは我々にとっては運が良かった。しかも、超党派になったことで、自民党政権から民主党政権に代わっても、そして、再び自民党政権に戻っても、この計画は国交省で引き継がれた。

振り返ってみると、民主党が政権を取り、「コンクリートから人へ」というスローガンを掲げていたことは、我々の計画にとって悪いことばかりではなかった。なぜならこの計画が単なる公共事業ではなく、都市の環境改善を目的としているということを改めて強調する契機になったからだ。民主党政権時に超党派の人々から支持を得られたのは、大きな収穫だったと思っている。

大臣の口から「ロータリー」

2013年5月、太田国交大臣は経済財政諮問会議の中で、首都高のうち銀座付近の空中権を民間に売却し、都市再生につなげる構想について説明した。

「銀座付近」というのは現首都高の都心環状線の築地川区間にあたり、

我々の計画のうちの一部区間が実現されることを意味する。さらに大臣は、その後の国土交通委員会で次のように答弁した。

「東京都、また地元の区をはじめとする方々、あるいは首都圏のロータリーを含めた方々の意志というものをしっかり受けて、この築地川区間をモデルケースとして、東京都などの関係機関と調整しながら、具体的な検討を進めてまいりたいと思います」

委員会とはいえ、大臣が「ロータリー」という名前を出して答弁をしてくれたことに我々は歓喜した。

「おい、今、ロータリーって言ったぞ」

テレビで自分たちのことが言われているのだと思うと、興奮せずにはいられなかった。

5年ぶり、第2回シンポジウム

２０１４年2月26日、09年以来5年ぶりとなるシンポジウムを開催した。今度の会場は品川のグランドプリンスホテル新高輪。前回と比べて、会場の広さは3倍、そして参加者は5倍の約２０００人と、全く別次元のシンポジウムとなった。

これだけ大規模になったのには理由があった。最初のシンポジウムは手弁当で開催したが、この時は国際ロータリー第２７５０地区（東京都の南半分及びグアム島、サイパン島、ミクロネシア連邦、パラオ共和国を含むブロック）の地区大会の場を借りることができたのだ。会場費も実質無料である。

多くの人が、このシンポジウムで我々の計画の詳細を知ることとなり、興味深く話を聞いてくれた。

国会議員も何人か来場したほか、太田昭宏国交大臣や、舛添要一東京都知事（当時）からもメッセージが寄せられた。また、講演やパネルディスカッションでも錚々たる面々に登壇してもらった。その中には2012年に国交省で開かれた有識者会議のメンバーもいた。

内容面で5年前のシンポジウムと大きく異なったのは、国交省道路局から担当者が参加し、行政からの見解を述べたことである。政治家や専門家だけではなく、行政の担当者が直接話をしてくれたのは、実現に向けて着実に進んでいることを裏付けていたといえる。参加者は、「実現するのも時間の問題だな」と感じたに違いない。

このシンポジウムでは、我々が思い描くイメージを動画にし、200インチの大画面に映して紹介した。5年前は静止画のCGのみであったから、これも大きな進歩だ。参加者からは大きな拍手が沸き起こった。

「これだけ多くの人たちが、自分たちの応援団になってくれている」

そう思ったのは我々だけではないだろう。この頃にはもう、政治家や行政担当者の方々も、我々と同じ気持ちで計画を推進していたのだから。

「国土強靭化」への誤解

第2回シンポジウムの出席者のうち、計画の具体化に向けて尽力してくださった方のうちの一人が、衆議院議員の二階俊博氏である。東海大地震を想定していた二階氏は、東日本大震災よりも前から、「国民の命を守るのが政治だ」と主張し、国土強靭化計画を打ち出していた。

二階氏が登場すると、

「また、土建国家に戻るのではないか」

と、懸念する人もいるかもしれない。

確かにこれまでの日本では無駄な公共事業もたくさん行われてきた。しかし、だからといってそれをゼロにするわけにはいかない。無駄を減らしながらも、国土を強靭化していくことは日本人一人ひとりの命にも関わる話で、それは東日本大震災の被災地の状況を見ても明らかである。

それに我々の計画では、工事費は将来の利用者負担で賄うので、税金を投入することはない。「土建国家だ」と騒ぎ立てられる話でもないのだ。

その二階氏とこの計画を応援してくれている松原氏が親しかったことから、2014年1月、我々は二階氏に直接お会いして首都高の地下化について説明をする機会を得た。

二階氏にお会いする前は、周辺の情報から悪役のイメージが強かった。しかし我々の目的は首都高が地下化され環境が改善されることであって、それを実行するのは誰であろうと構わない、と考えていた。どんな政治家でも、どこの建設会社でも、大手デベロッパーでもいい。都市環境改善計画に共鳴してくれるのであれば、大歓迎なのだ。

ところが、実際に二階氏にお会いしてみると、我々に対しても誠実で、「良いものは良い」

そうはっきり言える方で、こういう人こそ政治家として必要だと思った。

二階氏が提案した「国土強靭化計画」は、それをまとめるのに、有識者会議を60回以上も開いたという。二階氏は何度も何度も同じ説明をして、ようやくここまでたどり着いたのだということも話してくれた。

いろいろな人たちに会って話をするなかで「コンクリートの利権主義」というイメージが強かった二階氏は多くの反対も受けたという。世のため人のためと思って、「国土強靭化」を打ち出したにもかかわらず、さまざまな人たちから、「お前の本音はどこだ」と言わんばかりの扱いを受けていたのだ。

これは、我々にも似たところがあった。単なる建設工事ではなく、環境改善のための計画なのに、利権主義とか利益目的ではないかと言われたことが少なからずあった。何度も何度も国交省に足を運び、次から次に代わる大臣に毎回説明をして、ようやくここまで来たというのに、わかってくれない人がいることにはいつも寂しさを感じていた。

そんな同じ思いを抱えていた我々は、すぐに意気投合した。

「自分がやろうとしていることを『ぜひ進めてほしい』と言ってくれる人に、初めて会ったよ」

二階氏は嬉しそうにそう言った。

そして、我々の環境改善計画についての説明を聞いた後、東京で直下型地震が30年以内に起きる確率が70パーセントもあるということ、国土がそれに耐えられないのなら今のうちに備えておかなければならないというこ

とを熱弁し、

「ぜひ、この計画を実現させましょう」

と、激励してくれた。大きな後ろ盾を得た思いであった。

「この計画を実現させるには、国だけが積極的に進めるわけにはいきません。地方自治体、つまり、東京都から声を上げてもらわなければなりません」

二階氏は最後にそうアドバイスしてくれた。つまり、東京都からどんなことをしたいのかを上申すれば、それを国として取り上げることができるというのだ。

２０１３年12月、「国土強靭化基本法」という法律が成立した。これは基本法なので、さまざまな施策を実行するうえで他の法律と矛盾して整合性が取れない時には、優先される法律になる。

二階氏は、この法律に基づいて実行したいことを各自治体から出しても

られれば国が支援できるので、私たちにもこの法律に則って動いてほしい
と言ったのである。

舛添都知事に会えない！

二階氏のアドバイスを受けて、我々は当時東京都知事を務めていた舛添要一氏にコンタクトを取ろうと試みた。しかし、舛添氏は元厚労大臣だけあって、社会福祉の専門家でありたいようで、建設関連の相談にはなかなか応じてくれなかった。

困っていたところ、再び二階氏と会う機会を得て、今自分たちが立たされている状況を説明した。

「舛添知事になかなか会えないんです……」

すると二階氏は、東京都でとても力のある方を紹介してくれた。東京都議会議長を務めたこともあり、「都議会のドン」と呼ばれる内田茂氏である。しかし、内田氏は当初、懐疑的であった。

「東京都から国にこの計画を上げるのは構いませんが、本当に国は取り上げてくれるのですか？　国交省の話を聞きたいですね」

内田氏がこのように言うので、また日を改めて二階氏、内田氏、国交省の担当者と更に前出の国交省ＯＢの谷口博昭氏も同席して我々とで会うことにした。

この時、内田氏は我々二人の話を国交省がどこまで真剣に取り上げているのかを見定めたかったに違いない。この計画に限らず、都と国との間で堂々巡りを繰り返すことは日常茶飯事。内田氏がそれを危惧するのも無理はない。

それでも、国交省の担当者が内田氏にきちんと説明をしてくれたおかげで、確かに国がこの計画を実行しようとしているということを確認してもらうことができた。我々はホッと胸をなでおろした。

内田氏は、

「都議会で超党派の検討委員会を作りましょう」

と私たちに約束してくれた。

環境改善のためにも、経済活性化のためにも、いろいろな側面から議論をして検討し、その後に都議会から都知事に対して提案して、国に上げることになるという。

これでようやく、あとは物事を一気にスムーズに進めるだけ、という段階に漕ぎ着けた。

コラム

お金も心理も計算する大橋会計術

実家の材木屋を継ぐつもりでいた大橋は、大学で会計学を専攻していた。そこで、貸借対照表（バランスシート）と損益計算書という、会社の経営状況を見定める財務諸表の読み方を学んでいた。

１９７０年代中頃、大橋が26歳の時に、当時63歳の父親が病気で倒れた。父親が入院している間、大橋は毎日のように見舞っていたが、もう一人、頻繁に病室を訪れていた人物がいた。社長不在の会社を守っていた番頭だ。

「社長。会社にお金がありません」

大橋は材木屋の経営がうまくいっていないということは、それまで全く知らなかった。会社の財務諸表を見てみると、確かに赤字の垂れ流し状態だった。それを父親に指摘したところ、「事業のことはすべて任せるから、吉隆がどうにかしてくれ」と、経験もないのに突然経営を任されることになった。不安はあったが、自分がやるしかなかった。

「将来のことはすべて、バランスシートの中に解決の秘密が隠されている」

大学で教授がそう言っていたのを思い出し、バランスシートを細かくチェックしてみると、目に留まったのは、「土地」である。簿価よりも時価が上回っている、つまり「含み益」のある資産であったのだ。材木屋を営んでいるだけに、まずまずの面積がある。材木屋では物置きとなっているので、その土地は金を生まないが、使い方を変えれば金を生み出すことができる。

そう考えた大橋は、ビルを建てて貸し出すことにした。賃貸収入が得られれば、赤字続きの収支は改善される。「どうせこのまま材木屋を続けても潰れるだけだから」と、業種転換への抵抗も小さかった。

そうなると建築費を融資してもらう必要があるが、当時、大企業は好調な株式市場から直接金融で資金調達ができていたので、銀行からの間接金融としての貸し出し先が減っていた。

そんな状況を知っていた大橋は、

「現在の建築資材の流通会社から今ある土地にビルを建てて事業転換を図りたいので、その資金を融資してください」

と口説き、建築費を融資してもらうことに成功したのだ。

こうして、材木屋から一気に不動産賃貸業に転換し、今に至っている。

今回の首都高再生計画でも、大橋の会計知識が役立った。それはお金の面だけではない。銀行員を説得した時のように、時には人間の心理的な損得を計算することもある。誰かに協力を頼む際には、自分だけでなく相手にとっても利益になることを強調するのが大橋流。

「首都高の地下化はあなたにとっても良いことなのです」

それを理解してもらえたからこそ、多くの協力者が現れたのだろう。

第三章

地下化後の未来

東京の街に青空を

私はかつて、完成したばかりの首都高を走ったことがある。今のように車は多くないし、高いビルも少ない。頭上の青空も、今よりずっと広かった。

当時の東京を思い出すと、あの青空を取り戻すことは、自分たちに課せられた使命であるようにも感じられる。

本章では、我々の描く未来の東京像をご紹介しよう。

我々が考えただけでも次から次にアイデアが出てくるが、いろんな人が首都高が地下化された後の未来を考えれば、もっと多くのアイデアが出てくるはずだ。ぜひ一緒に、アイデアを練っていただきたい。

人にやさしい道路をつくる

「ごめんなさい！　時間がないので30分だけ！」

我々はこれまでに多くの専門家や担当者に会ってきたが、どの人も忙しく、最初はみんなそう言っていた。しかし、実際に会ってみると、彼らもこの計画に並々ならぬ関心を示してくれ、夢を語りだせば何時間もしゃべり続けた。

「役人冥利に尽きます。実現が難しいと言っている行政の担当者たちですら、実は、こういう大きなことをやりたくて国交省に入ったんです」

「未来に残る仕事がしたかったんですよね」

こんなことを言ってくれた。大学の土木専攻で専門的な勉強をした後、民間企業ではなく国交省に入ったような人たちは、恐らくこのような思いで入省した人たちが多いだろう。

これは、もともと国交省にはこの計画をやりたいと思っている人がたくさんいたし、我々よりも彼らのほうが、首都高再生の必要性を熟知していたということである。

景観の美化、騒音の軽減、空気の浄化など、首都高を地下化することによって改善されることはいくらでもある。現在、首都高を走っている車両数は全体物流、人流の量×キロメートルの数値の3分の1であるが、地下化によって2分の1に増やせれば、地上の交通量をその分減らすことができる。そうなれば歩道、自転車道、荷捌き場、車道をわけて整備することが可能となり、100万坪以上の緑地も生まれる。つまり、車を地下に走らせれば、地上の道路は、「人にやさしい道路」として整備することができ、バリアフリーの街づくりが可能になるのだ。

例えば、休日の歩行者天国を思い出してみてほしい。東京では銀座や新宿の一部で実施されているが、あのように数百メートル区間だけを歩行者天国にするのではなく、もっと広く街全体を歩行者天国にすることだって可能である。

また、休日だけでなく平日も歩行者天国になれば、ベビーカーを押す人や車いすの人も、お年寄りも子供も、みんなが街に集まれるようになる。

地下化が実現した暁には、現在の首都高をすべて撤去するのもいいし、安全性の保たれている高架の一部を残して屋根を設置し、サイクリングロードとして活用するのもいいし、植栽をして空中公園にしてもいい。東京の地上には今、なかなかそのようなスペースはないので、自転車専用道路ができれば多くの人が自転車で通勤できるようになるかもしれない。自転車なら、大気汚染や振動を引き起こすこともない。

地下駐車場からデパートのはしご

銀座、日本橋、新宿などの商業地には、地下に駐車場がある。我々の計画では、道路の建設場所は駐車場よりも深い大深度地下を利用することになっているが、この大深度地下の道路に直結した「大深度地下駐車場」をつくれば、これまでにない新しいショッピングスタイルが生まれる。

例えば、「銀座と日本橋と新宿のデパートをはしごしたい」という人がいたとしよう。現在の交通環境でそれをやろうとすると、ショッピングというよりも移動ばかりの一日になり、クタクタに疲れてしまうだろう。渋滞に巻き込まれてしまえば、2店舗目あたりで、「今日はもう帰ろう」ということにだってなりかねない。

ところが、大深度地下駐車場ならどうだろう。銀座、日本橋、新宿は新しい首都高によってつながっている。各デパートを短時間で移動できれば、買い物の時間も十分取れるし、現在の通行量に配慮された道路だから渋滞も起こりにくい。移動時間が短縮できて買い物時間が増えるなら、売上も増えるだろう。

新首都高から、自動料金所（Auto gate）を通過してそのままデパート直結の大深度地下駐車場へ。そこに車を停めてエレベーターを乗り降り。買い物袋を車に載せて、そのまま次の目的地へ。これなら3ヵ所のデパートでもはしごはできそうだ。

邪魔なものは全部地下に

大深度地下にトンネルを掘るなら、その上部に電気、ガス、上下水道などの公共インフラを通してみてはどうだろうか。これにより、現在地上で景観や通行の妨げになっている電柱は大幅に減少する。

さらに、ごみを集積するシューターを住宅地に張り巡らせれば、ごみ収集車が道路を走る必要がなくなる。環境改善とはあまり関係ないが、家庭のごみ出し当番も御役御免ということになる。

このように、できればあってほしくないもの、見たくないものを地下に追いやることで、地上の生活環境は今よりも確実に良くなる。他にも地下に移せるものはいろいろある。

タンクローリーなどで運んでいる危険物は、地下のパイプで安全に送るようにする。これで地上の安全性を高めることができる。

エネルギーの集積地から各地へ運ぶ熱水管のようなものを通して、エネルギーの有効利用を図る。

実は、これらのアイデアは我々のものではない。専門家の方々と話をしている時に聞いたことで、どれも実現可能なことだという。次から次に湧き出てくる夢やアイデアに、計画提案者の我々のほうが驚くばかりだった。

緑化地帯が増えて猛暑はなくなる

現在の首都高は、河川や一般道の上を走っている。

専門家がシミュレーションした結果、河川の上にかかっている首都高の高架をすべて撤去すると、海から入ってくる風の流れが変わり、地表温度が下がりヒートアイランド現象が軽減されるという。真夏になると、東京の道路の表面温度は60度にもなるが、どんなに暑くても水面は30度以上にはならないからだそうだ。

一般道の上を通っている首都高は、まるでビルの屋上のように熱くなっているが、構造物を撤去して、高架橋のあった場所に緑を増やせば、さらに地表温度を下げることができる。

この計画の実質的な事務局となっている古屋の会社は、新宿御苑のすぐ隣にある。緑の多い新宿御苑は気温が上がりにくく、地表の温度も30度以上にはならない。そのため新宿御苑側からは、夏でもひんやりした空気が流れてきている。一方、事務所のビルを挟んで反対側にある新宿通りは、ビルやコンクリートに覆われ、地表の温度は60度近くになっている。そのうえ通りには、エアコンの室外機の熱もこもっている。

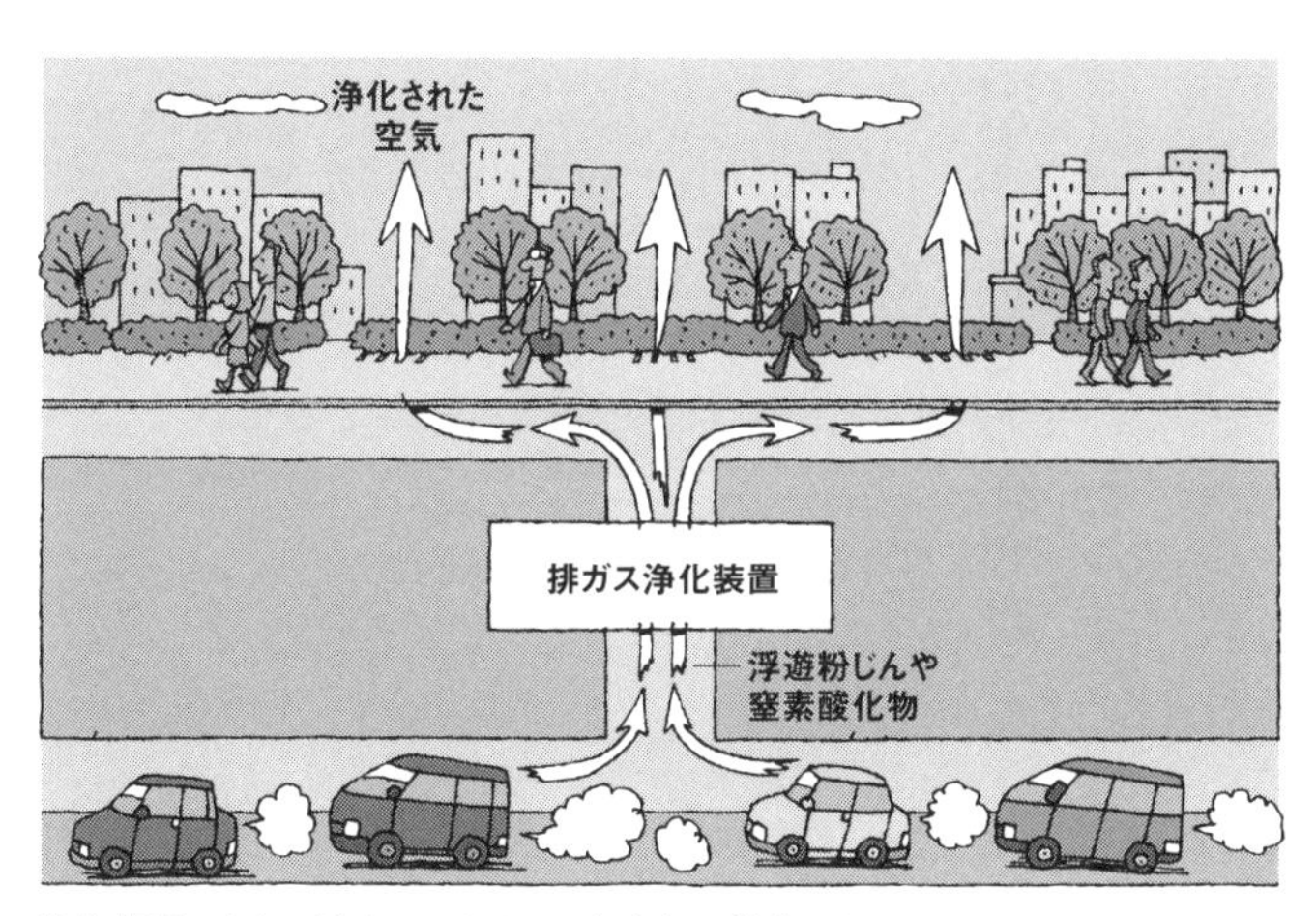

浄化装置により、地上にはクリーンな空気が排出される

新宿通りの暖かい空気が上昇し、新宿御苑側の冷たい空気が暖かいほうへ流れていく。そんな現象が起こるので、夏は事務所の窓を開けると、新宿御苑から新宿通り側へ風が抜けていくのだ。

同じ新宿という都会地域にあっても、緑があるのとないのとでは、このように大きな温度差が生まれる。首都高の高架を撤去し、空いたスペースを緑化すれば、真夏の地表温度を確実に下げられる。街行く人はうだるような暑さから解放され、木陰で気持ちの良いひとときを過ごせるようになるだろう。

地下からの風で、冬でも花が咲く

「道路が地下化されれば、周辺の地上の空気も浄化される」

ある専門家はそう話した。これは、地下の道路の空気を1ヵ所に集めて地上に出す際に、浄化設備を通すためだ。これで目に見えない有害物質を取り除くので、むしろ地上よりもきれいな空気を送り出すことができるという。つまり、地下道路をつくること自体が、巨大な空気清浄機を設置しているようなものだ。

また、最近は自動車の性能も格段に向上しているため、昔に比べ排ガスそのものがクリーンになっている。60年以上前に首都高を建設した際には、車の燃費は悪く、排ガスにもさまざまな有害物質が含まれていた。地下に道路を通すことなど、考えられないことだった。しかし、今自動車は、排ガスのクリーン化という方向で進化しており、地下の道路を走らせても空気をそれほど汚さないのだ。

ある専門家によれば、地上にある道路の中央分離帯を緑化し、そこに浄化された地下道路の空気を排出するように設計すれば、冬でも地上に花を咲かせることができるのだという。これは地下の空気の温度が、年間を通じて15度くらいで一定しているためである。空気が排出される場所に霜は降りないし、雪が降っても積もらない。常に暖かい風が吹く。だから、冬でも花が咲く。

自動運転で渋滞も解消

近年、自動車の自動制御技術が目覚ましい進歩を遂げている。首都高の地下化が実現する頃には、その技術はさらに進んでいるはずだ。新首都高でもさまざまな利用法が考えられるだろう。

現在、すでに追突防止機能の付いた車が販売されているが、これがさらに進化して複数の車を一括管理できるようになれば、車間距離を一定に保たせて、追突だけでなく渋滞をなくすことができるようになるかもしれない。

また、自動運転が可能になれば、トンネル内では何もしないで目的地に到着できるようにもなる。先ほどの「デパートのはしご」も、自動制御されていたほうが、自分で運転するよりずっと楽になるだろう。

災害時に強い地下シェルター

阪神・淡路大震災の時、あるテナントビルではこんなことがあったという。

地上階にある飲食店のグラスやボトルが全部割れてしまった一方、同じビルの地下にあったバーでは、ボトルが1本も落ちなかった――。

これは地上と地下とで、震動の大きさに差があるためだ。通常、地上の構造物よりも、地下の構造物のほうが耐震性に優れている。また、地震の揺れそのものも、地下のほうが小さい。

もしも、巨大地震によって地上で大きな被害が発生すれば、地上の道路は使えなくなる。しかし、地下に地上よりも安全な道路があれば、それを復興用の道路としてすぐに使うことができる。

阪神・淡路大震災ではビルが倒れ、道路が寸断され、壊滅的な状態となってしまったが、地上がそんな場合でも、地下道路があれば被災地に物資を運ぶことができる。

あってほしくはないが、有事の際にもこの地下道路は重要な役割を果たすことになる。首都高が地下化されていれば、そこを巨大なシェルターとして使うこともできるだろう。その広さは路線1キロメートルで10万坪。2キロメートルでゴルフ場1箇所分に相当する。

代々木公園地下に巨大トラックターミナル

専門家が挙げた数々のアイデアの中でも、我々がひときわ注目したのが、地下の巨大トラックターミナル構想である。

現在の首都高は道幅が狭く、カーブも多い。大型トレーラーにとっては難所のため、貨物船や貨物列車のコンテナで運ばれてきた食糧などを、わざわざトラックに積み替えなければならないこともあった。

そこで、大型トレーラーでも走りやすい新しい首都高を整備したうえで、例えば、代々木公園の地下あたりに、数千台が駐車できる巨大なスペースをつくってみてはどうだろうか。首都圏と地方を往復する貨物車両のターミナルとなり、全国からさまざまなモノが集まる一大拠点となる。

トレーラーのヘッドを入れ替えたり、運転手が休憩したりと、使い方はいくらでもあるが、温度が一定であるという地下の特徴を活かすとしたら、コンテナごと収容可能な巨大な食糧保存庫とするのもいいだろう。

もし、地下の巨大ターミナルが実現すれば、災害時などに交通網が寸断されて他の地域から食糧が運ばれてこなかったとしても、地下に保管してある食糧を地上に出すだけで住民に提供できる。都内に数ヵ所設置できれば理想的だ。

「大雨が降ったら、地下が水浸しになるのでは？」と、心配する声もあるだろうが、これについては、２０１１年に起きたタイ・バンコクの大水害の事例が参考になる。

あの水害では、日本企業の工場なども大きな被害を受けたが、地上が水浸しになったにもかかわらず、バンコクの地下鉄は一日も運休しなかったという。日本の技術で地下鉄のトンネルを掘ったから水が漏れなかった、と言われるほど、日本の評価は高かった。

高い技術で地下を掘っていけば、地震だけでなく、水害にも強い都市空間が生まれるのだ。

第四章

関係者の証言

関係者の証言①

岸井隆幸氏

きしい たかゆき 東京大学大学院工学系研究科都市工学専攻修了後、建設省に入省。1992年に日本大学理工学部土木工学科専任講師、1995年に同助教授、1998年に同教授に就任（2022年3月に大学退任）。2010年から12年まで、日本都市計画学会会長を務めた。都市計画の専門家として、テレビなどにも出演。

取材時の写真／左から大橋・岸井氏・古屋

初めての出会い

私が大橋さん、古屋さんのお二人に初めてお会いしたのは、２００８年です。大橋さんがたまたまテレビに出ていた私を見て、連絡をくださったのがきっかけでした。

当時、私は日本大学で教鞭をとるとともに、地下空間を巡るさまざまな都市計画実務にも関わっていました。

マスメディアでは、５年か10年に一度「地下空間」のブームが湧き起こるのですが、あの時はちょうど、首都高日本橋地下化を巡って熱い議論が交わされていた時期でした。大橋さんが私をご覧になったというテレビ番組も、「都市の地下空間」に関するバラエティ番組だったと思います。

ご連絡をいただいた時、私はお二人も日本橋に関係する方かと思っていました。ところがよくよく聞いてみると、どうも話が違う。でも面白そうですし、断る理由もないので、お会いしてみることにしたのです。

実際にお会いしてみると、驚くことにお二人は、道路や都市計画とは全く別世界の方でした。しかし、経済界に身を置いている民間のお二人が我々と似たようなことを考え、かつ、それをこんなにも熱意を持ってやっている。これは非常に大きな意味を持つと考え、ぜひ一緒にやりましょうとお話をしました。

自由な立場で関係を広げる

お会いしてから1年後の２００９年、お二人の熱意で、ホテルニューオータニにおいて大規模なシンポジウムが開催されました。

元環境大臣の小池百合子衆議院議員の登壇、石原慎太郎東京都知事のビデオレターなど、多数の政治家・専門家が参加するなか、私も発言させていただきました。そして、新幹線や東名高速には代替としての新しい路線が考えられているのに、首都高にサブプランがないことを取り上げ、「サブプランを含め、老朽化が懸念される首都高のリスク回避を真剣に考えるべきだ。そのためには、この計画をもっと具体的に考えるべきだ」と、問題提起を致しました。

都市計画は、将来にわたって価値あるものを社会の合意を得つつ創造していかなければなりません。当然、環境も非常に大事ですが、ただ「環境に良いからやろう」だけではなかなか社会は受け入れてくれません。

これは首都高地下化も同じです。ハードな実現可能性、環境への影響はもちろん、事業費、実現プロセス、法制度も含めて多面的に検討することが必要です。その意味では、私が持っていたネットワークは、お二人の計画推進に多少なりともお役に立ったかもしれません。

一方、お二人は経済人で民間という自由なお立場です。民主党の衆議院議員・松原仁さんや、国土強靭化推進の中心人物である自民党の二階俊博さんなど、政党・派閥を気にせず、その時必要と思う方の元へ自由に動き回った。そういうエネルギーが、結果的に「首都高地下化」プロジェクトを動かしてきたのだと感じます。

これが役人となると、お二人のような自由な発想や行動はできません。政治家でもなく、建設業でもない大橋さんと古屋さんが損得勘定抜きに「良いことはすべきだ」とおっしゃるのは、人々の心に響くものがあったのではないかと思います。

首都高全面地下化の問題は出入口

お二人以前にも首都高地下化の話は何度か出ています。

当時早稲田大学の特命教授だった伊藤滋先生や、日本芸術院院長だった三浦朱門さんらが小泉純一郎総理（当時）のもと、２００６年に設立したのが「日本橋川に空を取り戻す会」です。この会では、日本橋川沿いで民間が先導して街づくりを行い、公共はこれを受けて整備を行うという方式を提案しています。

一方、お二人が提案されたのは、日本橋だけではなく、首都高全部を埋めるという構想でした。ちょうどお二人が提案した頃、伊藤先生たちも「日本橋地下化の次の課題、首都高全体をどうするか」ということを勉強会で議論していたところでした。私も伊藤先生の勉強会に参加していましたが、そこでは首都高の全面地下化はどうやれば実現できるかという空間的・物理的可能性について検討していました。

大深度方式で首都高地下化を目指す時の最大の問題は、深い地下と地上を結ぶ出入口の設置場所確保です。大深度で行う部分は、用地買収をする必要がありませんが、上がってくる出入口部分は用地買収をせねばならず、しかも大橋ジャンクションを見ればわかる通りかなり広い面積が必要です。

こうした大規模な土地がどこにあるか、また、ちょうど開発が起きるタイミングであれば設置検討は可能ですが、すでに準備が進んでいるプロジェクトに新たに高速道路の出入口を設けるよう要求してもほぼ不可能です。専門家の間ではこうした出入口問題が高いハードルだと考えられていました。

例えば、今、六本木の東京ミッドタウンが立っているエリアは、防衛庁（当時・現「防衛省」）の跡地でかなり広い未利用地でしたので、そこに首都高の出入口をつくったらどうだろうかと議論が交わされたことがありま す。実際その検討もしてみたのですが、開発計画のスピードに追い付くこ とはできませんでした。

こうしたムードのなか、大橋さんと古屋さんのお二人が、エネルギッ シュに「首都高を地下化すべきだ」と議論を投げ続けたことは、問題の難 しさに直面していたみんなの刺激になったと思います。

政権が自民党から民主党に代わるタイミングのなか、右も左も関係なく アピールされ続けた結果、民主党政権の時に、計画が一歩前へ進みました。 これは、それまで民主党政権が言ってきた「コンクリートから人へ」とは 相反することでしたが、お二人の地道な活動とお人柄が世の中を動かした 象徴的な出来事だと思います。

15年前にお話を聞いた時は、全面的に地下にするのは難しくても、そう 遠くない将来、部分的に地下化ができるのではないかと思っていました。

２０２１年にようやく日本橋の地下化事業の準備工事が始まり、２０４０年には日本橋の上の首都高が撤去される予定も見えてきました。工事に結構時間が掛かるというのは、具体的な検討を重ねてわかってきたことです。本音を言えば、もうちょっと早くスタートできていればよかったな、と思います。

「複軸・複核」を意識することの大切さ

日本は災害の多い国ですから、仮にどこかの地域が大規模に被災した場合、他の地域が代替機能を発揮し結果として日本全体が活動停止することはない、という状況を作っておかなくてはなりません。国土構造あるいは都市構造において、非常時にどこかが機能不全に陥っても、別の地域が機能を補完する、あるいは別の経路で全体のネットワークが機能するというシステムを作ること、つまり災害大国日本においては「複軸・複核」の構造を意識的に作ることが非常に重要なのです。

例えば、東京と大阪。南海トラフと首都直下型地震が両方同時に来ることは極めて考えにくいと思うので、仮にどちらかの地震に襲われた場合、被災地で機能が麻痺してももう一方の地域が正常に動いて全体をカバーできるよう、あらかじめ適切に機能分散をしておくことが求められます。

同じことは東京都市圏の地域内でも言えると思います。例えば首都直下型地震に襲われて、東京都心部に大きな被害が出た時でも、横浜や大宮などが中心となって社会活動を支え続ける仕組みをあらかじめ構築しておく。こうした取り組みが非常に重要だと考えられます。たゆまぬ工夫の積み重ねが、安全・安心で持続可能な国土構造・都市構造を作っていくことにつながるのです。

首都高の地下化に関しても、こうした「複軸・複核」の都市構造構築を前提にした議論は欠かせません。将来の更新を考えても、首都高速道路のような幹線ネットワークの多重性は必須だと思います。

なお、地震を考えたら高架構造より地下構造が安全ですが、逆に地下は水には弱いという弱点もあります。これもまた別の問題として考えなければなりませんが、技術は日進月歩で進んでいるので、かつてできなかったことも今はできる。最新の知見と技術で次なる計画を進めてほしいと願います。

首都高地下化の未来

大橋さん、古屋さんのお二人同様、私自身も首都高の地下化によって特段自分が直接手にするものはありませんが、一つ希望を言うなら、自分で車の運転ができるうちに、完成してほしいとは思います。もっとも、新しい高速道路では自動運転が当然できるので、自分で運転しなくても快適に高速ドライブを楽しむことはできるとは思いますが。

街づくりには時間が掛かります。私がよく街づくりの好事例として紹介するのは仙台です。杜の都、仙台には見事なケヤキが並んだ道路が多数ありますが、あれは戦争の後、厳しい経済状況の中で道路の幅を広げて、ようやく１９６５年前後に、細いケヤキを植えたものが大きく育った結果なのです。50年以上経った今、立派なケヤキ並木が続く景観は、仙台のシンボルとなっています。街づくりには時間が掛かるが、着実な努力はいずれ大きな実を結ぶということがおわかりいただけるかと思います。

今回の首都高日本橋の地下化で、新橋から有楽町を経て京橋につながるいわゆる「会社線」と呼ばれている部分はニューヨーク・マンハッタンの高架鉄道跡地を再開発した空中庭園「ハイライン」みたいに歩ける空間になります。京橋・有楽町・新橋・浜離宮まで高架橋の上を楽しく歩けることになると、東京の新しい都市風景を見ることができます。

ハイラインは、今や世界中から年間800万人もの観光客が訪れる一大観光スポットになっています。パリにも「プロムナード・プランテ」という高架鉄道の廃線を利用した散歩道があって、その下が立派なアーケード街として面白い街をつくっています。

今回の日本橋のプランはこうしたハイラインやプロムナード・プランテと同じ方向を向いたものです。今までと違う風景が、もうすぐ東京に出現します。

基本的には行政が、民間の力も借りながら進めていますが、行政の決定には時間が掛かります。その決断を後押しするのが民間の声です。

まだまだ「首都高全線」までは遠い道程ですが、今回日本橋地下化工事が始まる契機を作ったのは、間違いなく大橋さん、古屋さんをはじめとする民間の方々の声です。お二人の尽力は「大きすぎることでも、諦めずに辛抱強く続ければ、少しずつ仲間も増えてくるし、最終的には国をも動かす事業ができる」という強いメッセージになると思います。多くの方に知っていただきたいと思います。

お二人が今回の計画を発表した時のように、ジャパンタイムズで海外に向けて先に発信し、海外の書籍に載せてから、それを日本で紹介すればよいのかもしれませんね。

お二人のこれまでと、これからに、エールを送ります。

関係者の証言②
谷口博昭氏

たにぐち ひろあき　東京大学工学部土木工学科卒業。建設省入省後、技官として道路行政に携わり、2006年に技監、2009年に国土交通事務次官に就任。2010年に辞職後は、芝浦工業大学教授、国土技術研究センター理事長、全国土木施工管理技士会連合会長、日本トンネル技術協会会長、土木学会会長などを経て、建設業技術者センター理事長を務めた。現在、（一社）国土政策研究会会長、いであ株式会社特別顧問などを務める。

取材時の写真／左から大橋・谷口氏・古屋

「3匹のねずみ」が出会うまで

第12代神戸市長を務めた原口忠次郎さんは、「夢の架け橋」と呼ばれる明石海峡大橋の最初の提唱者です。京都帝大工学部ご出身の原口さんが神戸市長となり、初めてこの明石大橋の構想を打ち出したとき、「市長は白昼夢でも見ているのか」と批判の声を浴びたそうです。しかし原口さんは「人生すべからく夢なくしては叶いません」と答え、この夢のかけ橋の実現に向けて突き進みました。

残念ながら、原口さんは生前にこの橋の完成を見届けることはできませんでしたが、1988年5月に工事が始まった全長3911メートルもの吊り橋は、およそ10年の歳月を掛けて1998年4月に完成。神戸市と淡路島を結ぶ世界最大級の吊り橋として、人々の生活を便利にしただけでなく、ランドマーク的存在として観光名所にもなりました。

私はこの原口さんの「人生すべからく夢なくしては叶いません」という言葉に深い共感を覚えます。

私は長年道路行政に携わってきましたが、道路も、人や地域をつなぎ、新しい街を生み出すという意味で「夢」の装置と言えます。

2008年に、大橋さんと古屋さんのお二人に初めてお目にかかり「首都高を全部地下化する計画を立てている」との構想をお聞きした時、私の脳裏にはまさに、この原口忠次郎さんのことが浮かびました。

さらにお二人の手作りのパンフレットを見せていただき、本当に首都高の地下化が実現したら、子供も大人もみんなが喜ぶ新しい都市が生まれるだろうとワクワクしました。

奇しくもお二人と私は全員昭和23年（1948年）子（ねずみ）年生ま

れ。お二人と話しているうちに、街づくりがしたいと夢を描いて建設省に入省した当時の熱い気持ちがよみがえり、「3匹目のねずみ」としてお手伝いさせていただくことになったのです。

民間の柔軟性と瞬発力で夢を形に

民間ならではのお二人の強みは、何といっても官僚にはない柔軟性と瞬発力だと思います。こういう大胆なアイデアは、なかなか官僚からは生まれてきません。提案当時の原口さんのように、批判に晒されて取り扱われなくなってしまうことが多いからです。

吉田松陰は「夢なき者に理想なし、理想なき者に計画なし、計画なき者に実行なし、実行なき者に成功なし。故に夢なき者に成功なし」と言っていますが、規制やルールで縛られた先例主義の官僚には、夢を追いかけ続けるのは高いハードルがあります。

ですから、まずは民間であるお二人が声を上げてくれたこと、そして声を上げ続けてくれていること。この2つが、首都高地下化の実現にとって大きな力になったと考えています。

とはいえ、夢と希望を具体的に計画に落とし込んで実行するのは民間人の素人にはできません。ここは逆に役所の発想や力が大事です。つまりこの計画は、官民連携のプロジェクトで、かつ、民がリードして進めてきたことが成功の一因だったと言えると思います。

私は近年、全体俯瞰図（ビッグピクチャー）を描き、道路整備ありきの部分最適ではなく、国民の暮らしや経済社会にとって良い未来に向かうBACKCAST（バックキャスト）で夢と希望が持てる明るい未来づくりに注力しています。私がお二人をお手伝いしたいと思ったのは、最初の提案がまさにこのビッグピクチャーそのものだったから、というのもありました。

お二人のビッグピクチャーに基づいて実行レベルに落とし込んでいくためには、細かい事業計画や仕組み、時には法律改正も必要となるでしょう。それは役人でなければできません。お二人は「ただ夢を語っただけだよ」とご謙遜されますが、当時の私からすると、お二人から大きなボールを託された気がしたものです。これは何としてでも実現に向けて支援したいと、心に強く誓いました。

「道路で儲ける」は悪ではない

お二人が首都高地下化の工事との利害関係がなく、なおかつ有能なビジネスパーソンであったことも、プロジェクトの実現に功を奏したと思っています。道路法では、生活インフラである道路は本来税金で整備・保全するものであり、有料道路であっても償還主義のもと「儲けてはいけない」という考え方です。しかし、儲けて国や地方の発展に貢献すべきという考え方もあります。

例えば中国や韓国は、ベトナムで道路をつくって終わりではなく、道路周辺の土地を国支援のもと民が買い取り、道路周辺の開発を一気に行い、街の発展を生み出し儲けているケースもあります。

日本では鉄道会社がよく沿線と一体的なこうした路線整備をしますが、道路に関してはなぜか「道路は官、周辺開発は民」というやり方が踏襲されてきました。これからの道路インフラ整備の方向性としては、沿道との一体的な整備をはじめ、産官学の連携を強化しつつ、量・モノ偏重から、質・コト・サービスへと展開していくことが求められるようになるでしょう。

日本の道路事情と未来

四面環海の日本は、物資は舟運、道は人が歩く街道の文化です。道路は言うまでもなく生活経済社会にとって欠かせないインフラ基盤で、私たちの生活が豊かになればなるほど、道路の進化・高度化が求められてきました。舟運で物資を運ぶため、沿川の集積地に近い街道に沿って集落ができ、街へと発展した歴史があります。

これに対して、他国と陸続きのヨーロッパは城壁都市の文化です。いつ敵が攻めてくるかわからない危険と隣り合わせのため、街を城壁で囲み、街から街への移動は今日で言うコンテナ専用車のような馬車を利用。必然的に広い舗装道路が整備されてきました。

日本の本格的な道路整備は戦後、自動車関係諸説の道路特定財源により舗装、拡幅、改築、高速道路へと進化・発展してきました。しかし、無駄遣い、コスト高などの批判が高まり、将来世代にわたる生活経済社会において道路が果たす役割などの深い議論を経ることなく平成21年度から一般財源化され、「失われた30年」という停滞の一因となったことは遺憾です。

近年は、人口減少、超高齢社会、地球温暖化、ロシアのウクライナ侵攻など、向き合うべき社会・環境課題が山積みとなっていて、道路整備に対する考え方も変わってきました。

これまでのように財源面からではなく、また現状から改善策を見つけていくFORECAST（フォーキャスト）でもない、未来にあるべき姿から逆算して今の行動につなげていくBACKCASTのアプローチが求められる時代へと変わってきていると言えます。

「道」という字には、異民族の「首」を槍の穂先に掲げ、邪気を払いながら未開地を切り拓くという意味がありますが、そういう意味では、大橋さんと古屋さんは、まさに新たな「道」を切り拓き、未来への夢と希望をつなげてきました。

内村鑑三は『後世への最大遺物』で、お金を残すのも事業を残すのもよいけれど、世の中に希望があると信じて生きる姿を残すことが最大遺物だと述べています。

原口忠次郎元神戸市長もそうですが、大橋さんと古屋さんのお二人が残してきたものも、まさにこの『後世への最大遺物』なのではないでしょうか。

役所も政権も数年単位で人が代わります。それをお二人は根気強く情熱でつないできた。この志の連鎖こそ、荒唐無稽と思われた首都高地下化の実現を促した、大きな力となったのだと私は思います。

２０４０年に日本橋エリアの首都高地下化が完成します。その頃、「３匹のねずみ」は92歳。「人生１００年時代」と言われる今、ぎりぎり間に合うでしょうか。お二人にはぜひ健康でお過ごしいただき、「首都高全線地下化」に向け、ネバーギブアップで邁進していただきたいと期待しています。

関係者の証言③

森　昌文氏

もり まさふみ　東京大学工学部土木工学科卒業後、1981年に建設省に入省。主に道路・橋梁の道路畑のエキスパートとしてのキャリアを歩む。2015年に国土交通省道路局長、2016年に技監を歴任、2018年7月に国土交通事務次官へ昇格した。2019年に退任。現在は内閣総理大臣補佐官。工学博士。

取材時の写真／左から大橋・森氏・古屋

二人の「夢」から始まった

2021年4月、首都高速道路（以下、首都高）日本橋区間の地下化事業の工事が始まりました。日本橋川周辺には多くの再開発計画も立ち上がり、新しい街が生まれようとしています。

今回の工事では、神田橋ジャンクションから江戸橋ジャンクション間の首都高を地下化します。そのため、まずは首都高の地下化に向け、呉服橋・江戸橋出入口の撤去と地下埋設物の移設、既設の河川内の橋脚撤去作業からスタート。その後、トンネル工事、河川内工事などを行い、2040年には日本橋上空の高架橋撤去という計画で工事が進んでいます。

大橋さん、古屋さんと初めてお会いした時、お二人は自らが掲げる首都高全線地下化計画を「荒唐無稽」とおっしゃいましたが、私はそうは思いませんでした。本州と四国を結ぶ本州四国連絡橋も、企画立案時は「馬鹿げた妄想」と言われたからです。

吉田松陰も「夢なき者に成功なし」という言葉を残しているように、そもそも夢を描かなければ何も実現することはできません。

そこでここでは、お二人の夢がどのように実現に向かって進んできたか、改めて振り返ってみたいと思います。

首都高再生の転換点

総延長が約327・2キロメートルにわたる首都高では、建設から40年以上が経過している路線が約4割、30年以上が約6割と、深刻な「高齢化」が進んでいます。もちろん、これまでに計画的な整備修繕は行われてきましたが、老朽化したインフラは急速な劣化や損壊が起こりやすくなるので、耐用年数を経過した路線については、つくり替えや更新を行う必要も生じていました。

こうしたなか、2011年に発生した東日本大震災や、2012年12月に発生した中央自動車道笹子トンネル天井板の落下事故は、それまでの景観を重視した首都高の見直し案から安全性重視へと、首都高のあり方を大きく見直すきっかけとなりました。

それまでは首都高のあり方について、「失われた空を取り戻す」「街の景観を美しく」といった、環境側面で語られることが大半でした。

2002年4月に提言が出された「東京都心における首都高速道路のあり方」も、沿線の景観や新しい都市空間の形成といった環境面に重きを置いたものでした。

ところが、「うるおいと風格あふれる首都東京の景観再生」という数値化できない目標では、行政はなかなか動くことができません。

そこで２００６年に小泉純一郎総理の依頼により、伊藤滋さんら４名の有識者により構成された「日本橋川に空を取り戻す会」が提言を公表。ここで初めて、民間が先導して首都高周辺の開発事業を行い、これを受けて行政が公共事業として首都高の地下化と河川の環境整備を行うという、ＰＰＰ（Public Private Partnership）方式が提案され、具体的な実現ビジョンが少し見えるようになりました。

また、大橋さんと古屋さんがジャパンタイムズで首都高再生計画を発信してくれたことで海外からも注目され、計画が進行するかに思えました。

しかし、地域全体の質向上のために高額の事業費用が掛かるということはなかなか受け入れられず、ここでも議論は先送りとなりました。

ところが、２０１１年の東日本大震災、そして特に２０１２年12月の中央自動車道笹子トンネル天井板の落下事故によって、「首都高の老朽化」が着目されるようになったのです。

２０１２年９月にとりまとめられた、「首都高速の再生に関する有識者会議」の提言では、トップにこれまで見られなかった「老朽化」という文言が登場。産官学連携で進めるという目標のもと、政治評論家の三宅久之さんが座長を務め、作家の猪瀬直樹さん、日大教授の岸井隆幸さん、国際ロータリーの環境保全委員長・木村眞さん、ファッションデザイナーのコシノジュンコさんなど、多様なメンバーが集結して首都高再生の必要性を検討しました。

動き出した「日本橋地下化」

２０１７年には、石井啓一国土交通大臣と小池百合子東京都知事が日本橋周辺の街づくりと連携し、首都高の地下化に向けて取り組むことを発表。当時、国土交通省技監だった私は、「首都高日本橋地下化検討会」のメンバーとして実現に向け議論を進めていく重責を担いました。

２０２０年には日本橋区間の更新事業許可も下り、着工に向けて動き出しましたが、地下化における課題は残ったままでした。

首都高再生の転換点となった笹子トンネル天井板落下のような事故を起こさぬよう、安全性の確保は言うまでもありませんが、首都高周辺の地域再開発をどことどういう形で進めていくか、利用者の負担を増やさずコストをどう回収するかなど、解決すべきことはたくさんあります。

特に建設費用に関しては、検討課題がたくさんありました。工事費用に関しても、公的資金で賄うのか、首都高の利用者に負担してもらうのか、あるいは日本橋周辺の地域の方に負担してもらうのかが議論されました。ロンドンで導入され、渋滞緩和と大気環境の改善に貢献しているロードプライシング（特定の道路や地域、時間帯の利用者に課金を求める施策）も検討しましたが、日本ではなかなか広がりませんでした。

それでもこうした厳しい状況のなか、計画を進め続け、実行に漕ぎ着けることができたのは、関わる人々の熱意が消えなかったからだと思います。

大橋さん、古屋さんという日本の経済界を背負ってきたお二人が、還暦を超えてから「社会貢献」という大きな夢を実現させるべく挑戦を始めた。そして、全く現実味のなかった首都高地下化という巨大な事業が、国をも巻き込んで動き始めた。このことをぜひ、多くの方に知っていただき、彼らの後に続く挑戦者たちがどんどん生まれてくることを期待したいと思います。

おわりに
――日本の若者たちへ

高度経済成長期まっただ中の日本では、新しいビルや道路が次々に建設された。どの都市よりも開発を急いでいた東京は、まるで街全体が工事現場のようであった。首都高は東京の急速な発展を象徴する、代表的な建造物のひとつである。

当時を知る我々も、気付けば70代。つい最近まで若造扱いされていたのが、今や高齢者として扱われる年齢で、老朽化した首都高同様、体のあちこちに不具合が出始めている。

振り返ればあっという間でもあった我々の半生は、世界一の経済大国に駆け上がっていく日本とともにあった。高度成長期は、誰もが夢や希望を描きやすい時代でもあった。

しかし今、日本という国は輝きを失っている。若者たちは横ばい成長の日本しか知らない。就職難や年金問題などを考慮すれば、横ばいどころかマイナスだろう。将来像が描けないから、夢や希望も語れない。嘆かわしいことである。

誰もが、自分の思い描く未来に向かって進むことのできる世の中であってほしい。平均寿命まで生きるとすれば、75歳の我々にはあと10〜15年ほどしか残されていないが、若い人たちにはまだたっぷりの時間がある。この時間を有意義に使い、年寄りと大組織がつくりだす閉塞を打ち破り、しがらみを取り除き、新しい時代を切り開いてほしい。

我々は、首都高をすべて地下化するという、最初は誰もが耳を疑う話を、がむしゃらに進めてきた。道路に関して何の知識もない二人が、たまたまテレビで見かけた専門家に突然アポを取り、そこからさらに人を紹介してもらい、人脈を広げた。また、地下化には4兆円が必要であることを知り、その資金を捻出するにはどうすればいいか知恵を募るなど、多くの人に助けられながら何とかここまでたどり着いた。

首都高を地下化するのは国家レベルのプロジェクトだが、我々がしてきた一つひとつのことは、誰でもできることばかりである。それらがつながり、大きなことになろうとしている。何か大きなことを成し遂げるというのは、小さなことの積み重ねであると、改めて気付かされる。

我々の一番の願いは、若者が人生にチャレンジする世の中になるということである。首都高の地下化というのは、「日本を再生させる」という大きな枠組みの中ではほんの小さなことでしかない。これからを生きる若者たちには、我々の活動よりも、もっともっと大きなことをたくさん成し遂げてもらいたい。

どんな選択をしても、問題は必ず発生する。その時に、場当たり的な対症療法では前には進めない。将来の理想に向かって躊躇することなく、勇気を持ってメスを入れること。それが世の中を変えるきっかけとなる。

この国に押し寄せる時代の波はますます大きくなり、大海原は荒れるばかりだが、叡智と行動力をもってすれば恐れることはない。思い描いたことが形になる日はきっと訪れる。

令和6年7月

大橋吉隆
古屋文男

〈著者紹介〉
大橋吉隆（おおはし よしたか）
1948年東京都生まれ。大学卒業後、父親の経営する建築資材流通業に就職。77年不動産賃貸業に業種転換し社長就任。1988年東京杉並ロータリークラブ入会。2018年、東京成城新ロータリークラブに移籍。

古屋文男（ふるや ふみお）
1948年山梨県生まれ。高校卒業後、上京しビル管理のアルバイトに従事。74年ビルメンテナンス業を開業。1988年東京杉並ロータリークラブ入会。

地上は緑に、首都高は地下に走らせる

2024年9月19日　第1刷発行

著　者　　大橋吉隆　古屋文男
発行人　　久保田貴幸

発行元　　株式会社　幻冬舎メディアコンサルティング
〒151-0051　東京都渋谷区千駄ヶ谷4-9-7
電話　03-5411-6440（編集）

発売元　　株式会社　幻冬舎
〒151-0051　東京都渋谷区千駄ヶ谷4-9-7
電話　03-5411-6222（営業）

印刷・製本　中央精版印刷株式会社
装　丁　　Isshiki

検印廃止

Printed in Japan
ISBN978-4-344-69141-4　C0065
幻冬舎メディアコンサルティングHP
https://www.gentosha-mc.com/